优秀传统文化传承与发展研究

龙晓涛 ◎ 著

吉林出版集团股份有限公司

版权所有　侵权必究

图书在版编目（CIP）数据

优秀传统文化传承与发展研究 / 龙晓涛著. — 长春：吉林出版集团股份有限公司，2023.8
　ISBN 978-7-5731-4009-8

　Ⅰ．①优… Ⅱ．①龙… Ⅲ．①中华文化－研究 Ⅳ．①K203

中国国家版本馆CIP数据核字（2023）第150225号

优秀传统文化传承与发展研究
YOUXIU CHUANTONG WENHUA CHUANCHENG YU FAZHAN YANJIU

著　　者	龙晓涛
出版策划	崔文辉
责任编辑	刘　洋
助理编辑	邓晓溪
封面设计	文　一
出　　版	吉林出版集团股份有限公司
	（长春市福祉大路5788号，邮政编码：130118）
发　　行	吉林出版集团译文图书经营有限公司
	（http：//shop34896900.taobao.com）
电　　话	总编办：0431-81629909　营销部：0431-81629880/81629900
印　　刷	廊坊市广阳区九洲印刷厂
开　　本	710mm×1000mm　　1/16
字　　数	242千字
印　　张	11.5
版　　次	2023年8月第1版
印　　次	2024年1月第1次印刷
书　　号	ISBN 978-7-5731-4009-8
定　　价	78.00元

如发现印装质量问题，影响阅读，请与印刷厂联系调换。电话 0316-2803040

前　言

随着中国现代化建设的快速发展和国际地位的提升，中华优秀传统文化现代转化迎来了崭新机遇。与此同时，人们对传统文化历史性存在认识不清的问题，社会转型期中华优秀传统文化面临着碰撞与冲突，现代化带来的全球化挑战给中华优秀传统文化现代转化带来巨大挑战。因此，在新时代的大背景下，在坚持中国共产党的领导，坚持"二为"方向和中华文化立场，坚持多元并存、协同发展原则的基础上，有针对性地提出了中华优秀传统文化现代转化的现实路径：扬弃继承，转化创新；科技引领，创意表达；教育为先，人文化成；五位一体，协同发展；交流互鉴，走向世界。唯有如此，方可以走出中华优秀传统文化现代转化的困境，才可以进一步发挥中华优秀传统文化现代转化的作用，即有助于巩固社会主义核心价值观的引领地位，抵御各种不良社会文化思潮，增强中国文化软实力，提升道路自信、理论自信、制度自信、文化自信，实现中华民族伟大复兴的中国梦。

传统文化的代际传承，不仅取决于传统文化本身所具有的内在张力所彰显的蓬勃生命力，还取决于它是如何被传播，如何让大众接受的。新媒体时代，以互联网技术和数字化技术为标志，中华优秀传统文化如何实现传播的现代化转变，在新媒体中如何展现，以及如何充分利用新媒体人人都可以进行大众传播的特点，发挥新媒体受众群体的主动性的优势，使中华传统文化发挥其在德育建设中的引领作用，是广大教育工作者需要深入思考的问题。

由于笔者水平有限，时间仓促，书中缺点、错误和不妥之处在所难免，敬请读者批评指正，以便今后进一步修改，使之日臻完善。

目 录

第一章 绪 论 ·············· 1
- 第一节 什么是文化 ·············· 1
- 第二节 文化的特征 ·············· 4
- 第三节 中国文化 ·············· 5
- 第四节 中华传统文化 ·············· 6
- 第五节 华夏文明的历史演变 ·············· 22

第二章 中华优秀传统文化理论 ·············· 28
- 第一节 中华优秀传统文化释义 ·············· 28
- 第二节 中华优秀传统文化的影响力 ·············· 37
- 第三节 文化、传统文化和中华优秀传统文化的关系 ·············· 40
- 第四节 如何传承中华优秀传统文化 ·············· 43

第三章 中华优秀传统文化的深度解析 ·············· 47
- 第一节 中华优秀传统文化的表现形式和丰富内涵 ·············· 48
- 第二节 多元一体的中华优秀传统文化 ·············· 64
- 第三节 中华优秀传统文化自觉的合理性反思 ·············· 75

第四章 中华优秀传统文化的发展现状及分析 ·············· 87
- 第一节 中华优秀传统文化的发展概况 ·············· 87
- 第二节 从理性的视角看中华传统文化 ·············· 111

第五章　优秀中华传统文化的传播渠道……115

第一节　新媒体——以"陆地诗词"的传播为例……115

第二节　社交电视——从河北卫视的"中华好"系列节目说起……121

第三节　声音平台——以中央广播电视总台"云听"为例……128

第六章　中华优秀传统文化传承创新发展路径……138

第一节　坚守正确的文化发展理念……138

第二节　实现多重教育引导的有机结合……140

第三节　激活文化发展的生命力……145

第四节　抓好文艺创作的关键环节……148

第五节　中华优秀传统文化传承创新多项并举……152

第七章　文化自信视域下中华优秀传统文化传承路径……163

第一节　概念锁定传统文化地位，内涵划定传统文化圆周……163

第二节　面对传统文化现代化危机，树立传统文化塑造性意识……165

第三节　四维度建构传承网络，三立足夯实传承基石……167

参考文献……176

第一章 绪 论

第一节 什么是文化

（一）古代汉语中的"文化"

中华文化源远流长，博大精深。据专家考证，"文化"是中古汉语就已有之的词汇。"文"的本义，指各色交错的纹理。《易·系辞下》载："物相杂，故曰文。"《礼记·乐记》称："五色成文而不乱。"《说文解字》称："文，错画也，象交文。"上述"文"字，都指这个意思。在此基础上，"文"又有若干引申义。

其一，为包括语言文字在内的各种象征符号，进而具体化为文物典籍、礼乐制度。《尚书·序》所载伏羲画卦，造书契，"由是文籍生焉"；《论语·子罕》所载孔子说"文王既没，文不在兹乎"，是其实例。

其二，由伦理之说导出彩画、装饰、人为修养之义，与"质""实"对称，所以《尚书·舜典》疏曰"经纬天地曰文"，《论语·雍也》称"质胜文则野，文胜质则史，文质彬彬，然后君子"。

其三，在前两层意义之上，更导出美、善、德行之义，这便是《礼记·乐记》所谓"礼减而进，以进为文二郑玄注""文，犹美也，善也"，《尚书·大禹谟》所谓"文命敷于四海，祇承于帝"。

"化"，本义为改易、生成、造化，如《庄子·逍遥游》："北冥有鱼，其名为鲲，鲲之大，不知其几千里也。化而为鸟，其名为鹏，鹏之背，不知其几千里也。"《易·系辞下》："男女构精，万物化生。"《黄帝内经·素问》："化不可代，时不可违。"《礼记·中庸》："可以赞天地之化育。"归纳以上诸说，"化"指事物形态或性质的改变，同时"化"又引申为教行迁善之义。

"文"与"化"并联使用，较早见之于战国末年儒生编辑的《易传》："刚柔交错，天文也；文明以止，人文也。观乎天文，以察时变；观乎人文，以化成天下。"意思是：通过观察天象，来了解时序的变化；通过观察人类社会的各种现象，用教育感化的手段来治理天下。这段话里的"文"即从纹理之义演化而来。日月往来交错文饰于天，即"天文"，亦即天道自然规律。

同样，"人文"指人伦社会规律，即社会生活中人与人之间纵横交织的关系，如君臣、父子、夫妇、兄弟、朋友，构成复杂网络，具有纹理表象。这段话是说，治国者须观察天文，以明了时序之变化；又须观察人文，使天下之人均能遵从文明礼仪，行为止其所当止。在这里，"人文"与"化成天下"紧密联系，"以文教化"的思想已十分明确。

西汉刘向将"文"与"化"二字联为一词，在《说苑·指武》中写道："圣人之治天下也，先文德而后武力。凡武之兴，为不服也。文化不改，然后加诛。"这里的"文化"，或与天造地设的"自然"对举，或与无教化的"质朴""野蛮"对举。

因此，在汉语系统中，"文化"的本义就是"以文教化"，它表示对人的性情的陶冶、品德的教养，本属精神领域之范畴。随着时间的流变和空间的差异，"文化"逐渐成为一个内涵丰富、外延宽广的多维概念，成为众多学科探究、阐发、争鸣的对象。

（二）近现代关于"文化"的解读

100多年来各国学者提出了众多不尽相同的看法，据《大英百科全书》统计，世界上仅在正式的出版物中给文化所下的定义即达160种之多，可谓众说纷纭，见仁见智，莫衷一是。

从字源上看，英文与法文的文化一词均为culture，原从拉丁文的culture而来。拉丁文culture有耕种、居住、练习、注意、敬神的含义，可见它的含义比较广泛。英文中的"农业"一词agriculture，"蚕丝业"一词silk culture，"体育"一词physical culture，都由culture构成，显然都有"文化"的含义在内。

英国人类学家爱德华·泰勒给文化下过定义：文化是一个复杂的总体，包括知识、信仰、艺术、道德、法律、风俗，以及人类在社会里所得一切的能力与习惯。这是非常宽泛的"大文化"的概念。

德国哲学家特奥多尔·莱辛认为"文化"就是"精神"支配生活。这种理解又被普洛格等人推衍为"文化是一种适应方式"的观点。有"后工业社会之父"之称的美国社会学家丹尼尔·贝尔认为，社会可以分为"经济、政治、文化分立"三个领域，他说："我想文化应定义为有知觉的人对人类面临的一些有关存在意识的根本问题所做的各种回答。这些问题的反复出现就构成文化世界，只要对存在的极限有所意识的人所在的社会里都能碰见这些问题。"

顾康伯持更宽泛的态度论述："夫所谓文化者，举峰政治、地理、风俗、宗教、军事、经济、学术、思想及其他一切有关人生之事项，无不毕具。"

梁漱溟则认为："文化之本义，应在经济、政治，乃至一切无所不包。"在梁启超尚未写成的《中国文化史目录》一书中，列有28个几乎囊括中华民族生活全部内容的"篇"，其中便有一个独立的饮食篇章。

综上可知，对"文化"的理解，中外比较一致的倾向是宽泛论观点，即"大文化"观点。诚然，众多的定义体现的宽窄程度是不尽相同的。

（三）文化的内涵

谈及文化的内涵，有广义和狭义之分。广义的文化是人类在社会历史发展过程中所创造的物质财富和精神财富的总和。它包括物质文化、制度文化和心理文化三个方面。

物质文化是指人类创造的物质文明，包括交通工具、服饰、日常用品等，它是一种可见的显性文化；制度文化和心理文化分别指生活制度、家庭制度、社会制度以及思维方式、宗教信仰、审美情趣，它们属于不可见的隐性文化，包括文学、哲学、政治等方面的内容。

人类所创造的精神财富，包括宗教、信仰、风俗习惯、道德情操、学术思想、文学艺术、科学技术、各种制度等。狭义的文化就是在历史进程中一定的物质生产方式的基础上发生和发展的社会精神生活形式的总和，指社会的意识形态以及与之相适应的制度和组织结构。

第二节 文化的特征

（一）多样性

不同的自然、历史和社会条件，形成了不同的文化种类和文化模式，使得世界文化从整体上呈现出多样性的特征。各民族文化各具特色，相互之间不可替代，它们都是全人类的共同财富。任何一个民族，即使是人数最少的民族，其文化成果如果遭到破坏都会是整个人类文化的损失。

（二）民族性

"文化总是根植于民族之中，与民族的发展相伴相生。一个民族有一个民族的文化，不同民族有不同的民族文化。民族文化是民族的表现形式之一，是各民族在长期历史发展过程中自然创造和发展起来的，具有本民族特色的文化。"

民族文化就其内涵而言是极其丰富的，就其形式而言是多姿多彩的。常常是民族的社会生产力水平越高，历史越长，其文化内涵就越丰富，文化精神就越强烈，因而其民族性也就越突出、越鲜明。例如，美国十分强调个人的重要性，是一个高度个人主义的国家。美国也是一个高度实用主义的国家，强调利润、组织效率和生产效率。它重视民主领导方式，倾向于集体决策与参与。它对风险具有高度的承受性，具有低程度的不确定性的规避倾向。日本文化则具有深厚的东方文化色彩，具有群体至上和整体献身的忘我精神。它注重人际关系，有强烈的家庭意识和等级观念。日本文化还具有对优秀文化兼收并蓄的包容能力和强烈的理性精神。英国文化的典型特征是现实主义的，法国文化是崇尚理性的，由此导致英国人重视经验、保持传统、讲求实际，法国人喜欢能够象征人的个性和反映人精神意念上的东西。

（三）发展性

文化就其本质而言是不断发展变化的。19世纪的进化论人类学者认为，人类文化是由低级向高级、由简单到复杂不断进化的。从早期的茹毛饮血，到今天的时尚生活；从早期的刀耕火种，到今天的自动化、信息化，这些都是文化发展的结果。没有文化的发展，人类不可能发展出现代社会和现代文明。以马林诺夫斯基为代表的功能学派认为，"文化过程就是文化变迁"。文化变迁是现存的社会秩序，包括组织、信仰、知识以及工具和消费者的目的或多或少地发生改变的过程。总的来说，文化稳定是相对的，变化发展是绝对的。

（四）时代性

在人类发展的历史进程中，每一个时代都有自己典型的文化类型。例如，以生产力和科技水平为标志的石器时代的文化、青铜器时代的文化、铁器时代的文化、蒸汽机时代的文化、电力时代的文化和信息时代的文化。又如，作为文化的有机组成部分，赋、诗、词、曲、小说分别成为我国汉、唐、宋、元、明、清各朝最具代表性的文学样式。时代的更迭必然导致文化类型的变异，新的类型取代旧的类型。但这并不否定文化的继承性，也并不意味着作为完整体系的文化发展的断裂。相反，人类演进的每一个新时代，都必须继承前人优秀的文化成果，将其纳入自己的社会体系，同时又创造出新的文化类型来作为这个时代的标志性特征。

第三节　中国文化

文化本身是一个动态的概念，是一个历史的发展过程。文化是一种历史现象，也是一种社会现象。从这一角度而言，文化是指一定的国家或民族所拥有的语言文字、性格特征、社会心理、传统道德、生活方式、哲学思维模式以及社会生产力水平等诸种精神与物质要素综合作用的结果及其表现形式。

"文化是社会的遗传基因，反映社会的本质。一个国家或民族的文化特征，体现其精神面貌、潜在经济实力和科技水平。"在社会发展过程中，文化是先导，经济是基础，科技是关键。文化的发展和人类的生存绵延是密切相关的，文化不仅表现一个民族的外在风貌，而且是她的内在"灵魂"。

在历史性意义上，中国文化既包括传统文化，也包括中国文化传统发生剧烈演变的近代文化与现代文化。纵观人类历史长河，中华民族最大的魅力，就在于她生生不息的生命力以及血脉千年不断的民族文化。

中国文化又称中华文化，指的是中华民族数千年发展过程中创造的、不断发展的、打上自身烙印的文化。其间，制度文化和思想文化是中国文化的核心，反映着中国文化最为本质的特征，是中国文化的气象所在、精神所在。

中国文化所讲的文化，是民族意义上的文化。因此，所谓中国文化实际上就是中华民族的文化。而中国文化所讲的中国，既是地理概念，也是文化概念。地理概念是指中国的版图，文化概念是指整个中华儿女的精神家园。

"中国文化"是内涵丰富、外延广阔的概念。就性质而言，它是中华民族赖以长期发展、不断进步的精神支撑和智力支持；就结构而言，它是包括物质文化、制度文化和思想文化等层面在内的完整系统；就内容而言，它是以汉民族文化为主体并包括各个少数民族文化在内的多元一体（中华民族）的文化；就思想学术发展的历程而言，它是包括两汉经学、晋玄学、隋唐佛学、宋明理学、清代朴学和新学等不同发展阶段的文化实体；就学术流派而言，它是包括儒家、道家、墨家、法家、佛家、阴阳家、兵家、名家、杂家等在内的诸子百家分途发展而又相互碰撞交流吸收的结果；就载体而言，它包括经史子集之类的典籍和中华民族的风俗习惯生活方式等；就时代性而言，它是与时俱进、不断发展、彰显时代精神的产物；就民族性而言，它是前后相继、不断发展、体现民族智慧的重要载体；就价值取向而言，它是以中华民族精神为核心，以爱国主义为导向，蕴含团结统一、贵和尚中、守成创新、以人为本等一整套价值理念的整合；就历史发展阶段而言，是指从古到今的中华民族的文化创造。

第四节　中华传统文化

（一）中华传统文化的内涵

中华民族具有五千多年连绵不断的文明历史，创造了博大精深的中华文化，这为人类文明进步做出了不可磨灭的贡献。中国是有着悠久文明的国家，在世界几大古代文明中，中华文明是没有中断、延续发展至今的文明。具体体现如我们的祖先在几千年前创造的文字至今仍在使用，大一统的国家形态延续至今等。两千多年前，中国就出现了诸子百家的盛况，老子、孔子、墨子等思想家研究天文地理，广泛探讨人与人、人与社会、人与自然关系的真谛，提出了博大精深的思想体系。他们提出了很多理念，如孝悌忠信、礼义廉耻、仁者爱人、与人为善、天人合一、道法自然、自强不息等。

中华传统文化是中华民族在中国古代社会形成和发展起来的比较稳定的文化形态，是中华民族的历史遗产在现实生活中的展现，是中华民族智慧的结晶。这个思想体系蕴含着丰富的文化科学精神，主要体现在三个方面：一是凝聚之学，是内部凝聚力的文化。这种文化的基本精神是注重和谐，把个人与他人、个人与群体、人与自然有机地联系起来，形成一种文化关系。二是兼容之学。中华传统文化并不是一个封闭的系统，尽管在中国古代对外交往受到限制，中华传统文化还是以开放的姿态实现了对外来佛学的兼容。三是经世致用之学。文化的本质特征是促进自然、社会的人文之化。中华传统文化突出儒家经世致用的学风，它以究天人之际为出发点，落脚点是修身、治国、平天下，力求在现实社会中实现其价值。经世致用是文化科学的基本精神。

中华传统文化作为概念，不仅是指"文化"，更是强调"文化"与"传统"的结合。传统貌似是一种时间概念，但实际上绝非如此简单。客观的物理时间在某些对象身上意义不大，正如马克思所说："亚洲各国不断瓦解、不断重建和经常改朝换代，与此截然相反，亚洲的社会却没有变化。这种社会的基本经济要素的结构，不为政治领域中的风暴所触动。"这表明，尽管亚洲各国的革命风起云涌，但由于没有改变物质生产方式，依然是不断重复的"活化石"而已。纵观中华民族的历史，除占据主导地位的儒家为代表的汉民族文化外，也产生过其他文化，这些文化甚至一度入主中原占据主要地位，但始终没有从根本上动摇过汉文化的主流文化地位，最终都被同化了。

这里对传统文化内涵的界定并非基于时间概念，不根据具体历史事件，也不寻找具体的时间节点，而是依据性质来划分传统与现代的界限。借鉴《新编社会主义辞典》对传统文化的界定，将中华传统文化定义为：中华民族在历史发展过程中形成和积累的、具有民族风格和民族特质的精神文明成果，包括传统思想、传统道德、传统风俗、伦理思想、价值观念、审美观念、丰富的典籍和文学艺术珍品及科技成就等。

（二）中华传统文化产生的背景

任何文化的产生都有一定的背景。民族文化的差异性，是民族所处的地理环境、所从事的物质生存方式、所建立的社会组织形态的多样性造成的。就中华传统文化产生的背景看，中国以极有回旋余地的半封闭的亚热带季风气候为主，经济基础是以农业为主的自给自足的自然经济，社会组织是血缘宗法制。我国地大物博，历史悠久，文化异彩纷呈。

1. 地理环境和条件

俗话说，一方水土养育一方人。一方水土也孕育了一方文化。中国疆域辽阔，由于各地的地理位置、自然条件的差异，人文、经济方面也各有特点。我国在亚洲东部、太平洋西岸。东南及东部面向海洋，东北、北部、西北、西部、西南都与欧亚大陆连接，但被河流、沙漠或高原峻岭所阻隔，所以相对封闭。四周都有天然的阻隔是我国地理的一大特点，在交通不发达的古代，相对封闭的环境对我国与其他地区的互通产生了一定的影响。

具体来说，我国西部大部分是高原，几条大山脉把亚洲分为东亚、西亚、南亚和北亚。我国西部高山峻岭，山路崎岖，虽有一线可通，且汉代已开通了丝绸之路，然而这干旱荒凉之地，在古代却是难以逾越的。我国西南有世界上最高的山脉——喜马拉雅山脉，它是东亚大陆与南亚次大陆的天然分界山。另外，我国西南的横断山脉及其江河、热带丛林也是我国与南亚、东南亚的天然阻隔。我国北部是广袤无垠的草原和沙漠，地势起伏不大，然而中国古代，从贝加尔湖到外兴安岭一线因严寒等原因又几乎无交往，形成了一个人文空间带。我国东部及东南是广阔的海岸线。

尽管我国处于相对封闭的地理位置，但是我国一直在努力探索与其他国家、地区的往来。从古丝绸之路，到今天"一带一路"倡议，正是中国积极促进同其他国家往来的最好证明。

中国自然地理环境对传统文化的影响主要表现在以下几个方面：

一是中国的地理自然环境多样，造成了文化的多样性与多元一体格局。中国自然地理状况为东部地势低平、气候湿润，西部高亢而干燥，因此，中国古代就形成了东南、中原以农耕为主，而西北以畜牧为主的人文生产景观。同时，由于从南到北温度和干湿度的变化，形成了秦岭—淮河以南的中国南方产业结构以稻作农业为主，秦岭—淮河以北至长城的中国北方产业结构以粟作农业为主，而长城以北则以游牧业为主的不同态势。由于我国中原地区自然环境相对优越，文明起步较早，历史上还形成了各民族内聚、多元文化类型融合的趋势，从而出现了中国传统文化形成发展过程中的多元一体格局。

二是中国自然地理环境导致文化的封闭性大于开放性。由于中国四周的天然阻隔和相对封闭的自然地理环境，中国古代一直缺乏对外开放、向外进取的条件和动力。古代中国有着发达的农业经济，这促成了中国人安土重迁、安分守己、乐天知命的民族性格。由于绝大部分人口都集中在地理环境相对优越的中原、东南农耕区域，因而造成了人多地少的局面。人们只能在有限的土地上精耕细作，集约经营，对土地自然而然产生了一种特殊的感情，长此以往，中华民族对乡土便有了深深的眷恋，对故国产生了深厚情怀，增强了民族凝聚力。

2. 经济基础

文化总是与经济紧密地联系在一起。中国文化源远流长的历史原因也正在于中国几千年来始终是以农业为主的自给自足的自然经济社会。从人类文明的历史看，农业是整个古代世界的决定性的生产部门，早期农业水平越高，文明程度也越高。这是因为，只有当社会生产出多余的食物，才有可能从人群中分化出一部分从事非生产性活动的文化人，去进行科学和文学艺术的创造。

中国早在7000年前的新石器时代，就已经出现了农业文明的痕迹，其中最具有代表性的是发源于黄河流域的仰韶文化、华东沿海的河姆渡文化、江汉流域的新石器文化等，在此基础上形成了独具特色的"小米文化"和"水稻文化"，正是由于黄河流域拥有比较高水平的农业，从而形成了中国上古时代的政治、经济和人文中心。随着农业生产力的发展，这一文明逐渐向长江流域扩展。

在中国传统社会中，自给自足的自然经济始终占据着统治地位。中国传统社会的经济是农业、家庭手工业相结合的小农经济，其生产的目的主要是为了自给自足，但也有很少量的交换。实际上早在中国的春秋战国时期，在农业、家庭手工业、官府手工业发展的同时，也出现了"独立自由"的手工业者与商人。秦代大一统帝国形成后，度量衡、货币、文字等的统一更进一步促进了商品经济的发展，出现了比较繁华的都市；唐宋两代的商业城市更加繁华，并在北宋时期首次出现了工商业的行会组织；明清两代，随着商品生产和交换的发展，手工业和农业的分离加快了速度，出现了相当规模的手工业作坊和工场。在江南的有些城市，出现了资本主义的早期萌芽。然而，在漫长的中国传统社会中，商品经济始终没有能够占据统治地位，一直作为自然经济的附属存在。其主要原因是历代王朝的统治者都采取重农抑商的政策。

中国文化是从农业经济的土壤中生长并发育起来的，以农业经济为主的中国封建社会对中国文化的形成和发展产生了重大影响。

首先，农业经济培养了中国人因循守旧、乐天知命的性格和吃苦耐劳、勤俭持家的美德。农业经济最显著的特点是对自然条件有很强的依赖性。中国社会很早就形成的"天人合一""天人协调"哲学观念，就是中国人依赖自然、被动地适应自然的一种表现。从事农业生产，既要靠人的努力，又要靠天的配合，风调雨顺则五谷丰登，发生灾情则生活无着。所以，对自然条件的依赖养成了中国人乐天知命的特性。在以农业经济为主的社会中，在农业劳动力与土地相结合的生产方式下，农民生活在一种区域性的小社会，与外部世界几乎处于隔绝状态。因此，农民从生到死都在这片土地上，日出而耕，日落而息，往复循环。这样的生产生活方式，既培养了中国人吃苦耐劳、勤俭持家的美德，又养成了农民因循守旧、不图进取、安于现状、知足常乐的心理和性格。

其次，农业经济培养了中国人的务实精神。农民在农业劳动过程中领悟到一条朴实的道理：说空话无济于事，踏实做事必有所获。正如章太炎所说："国民常性，所察在政事日用，所务在工商耕稼，志尽于有生，语绝于无验。"因此他们很少去关心人世之外的事情，更关心现实生活，这也是中国没有出现如欧洲中世纪那样的宗教狂热的原因之一。在欧洲中世纪十分黑暗的时期，正是中国人的这种务实精神创造了世界上最辉煌、最灿烂的封建文化；也正是因为过于注重实用知识，中国人缺少对科学理论的热情。

再次，农业经济养成了中华民族爱好和平的天性。农民固守在土地上，这既是农民自身的要求，也是统治阶级统治农民的需要。因此，农民对人际关系的要求是：相安无事、互帮互助、人际和谐、各人平安。在与周边少数民族的关系上，他们所希望的也是与外族的和平共处。中国古代一直拥有强大的军队，纵使这些军队强大得足以征服世界，中国的封建统治者也主要是用这些军队进行防御，长城就是这一现象的生动体现。这与中亚、西亚多次崛起的游牧民族以军事征服、战争为荣耀的心理形成了鲜明的对比。从中国历史上看，以汉族为主的中原农业民族对西北草原地区游牧民族的侵扰基本上都采取了防御政策；为求得与西北草原地区游牧民族的和平共处，还采用过"怀柔"政策，主要形式有和亲、会盟等。显然，这与西方民族主张战争、征服世界也有着很大的不同。正如陈独秀所说："西洋民族以战争为本位。东洋民族以安息为本位。……自古宗教之战、政治之战、商业之战、欧罗巴之全部文明史无一字非鲜血所书。英吉利人以鲜血取得世界之霸权,德意志人以鲜血造成今日之荣誉……"

最后,农业经济造成了政治独特的观念。一方面,中国封建专制主义的确立与农业经济有很大的关系。中国封建社会的村落和城镇虽雷同但分散,并且缺少商品交换。彼此联系的松散,自然会使农民对高高在上的集权体制产生崇拜。中国封建社会的集权政体和统治思想就是在这样一种背景下产生的,这也成为中国封建专制主义延续两千多年没有中断的原因之一。另一方面,农业经济造就了中国社会的"重农耕"思想和"重民"思想,中国封建社会始终以农业立国,农业始终被放在社会政治、经济生活的首位,它的兴旺与衰落一直是衡量中国历代王朝统治是否稳定的重要标志。正是由于把农业放在社会生活的首位,因此封建社会存在和发展的前提就是农民的安居乐业。农民安居乐业,农业生产才能稳定有序,封建统治者才能稳定统治;如果农民无法维持生计,甚至民怨沸腾,封建社会的大厦就会倾斜。因此,"重民"思想便自然产生,而且成为区别于西方政治观念的重要方面。我们之所以能看到中国古代许多知识分子以"忧国忧民"为己任,以规劝封建统治者处理好君民关系为目标,原因就在于此。因此,"民惟邦本""民贵君轻"等民本思想成为中国农业社会的传统政治思想观念。这种民本思想作为中国文化系统的重要组成部分,一直深刻影响着社会生活的许多方面。

3. 政治环境

著名法学家、中国政法大学终身教授、博士生导师张晋藩在接受采访时说:"中国古代的国情,如农本主义的经济形态、重宗法伦常的社会关系、集中制的政治制度、独尊儒术的意识形态、稳固的血缘地缘关系等,是形成中国古代国情的各种元素。"重视宗法伦常、集中制的政治制度等特点,是产生中华传统文化的主要社会政治环境因素。

所谓血缘宗法制度,就是以血缘关系的远近亲疏来区别高低贵贱的法规准则。宗法制源于长族社会父系家长制公社成员间的血缘联系。在中国传统社会中,这种自然形成的血缘关系,不断地被强化延伸,以至于上升演变为一种制度——血缘宗法制度。作为一种庞大、复杂却又井然有序的血缘政治社会构造体系,血缘宗法制是在古代社会宗族普遍存在的基础上形成的。"宗法制的实质在于族长对整个宗族或成员实行家长式的统治。这一制度绵延数千年不变,从而构成了中国传统社会的一大基本特征。这种权力机构的特殊性在于上与国家权力相结合，下与每个宗族成员相联系。"

宗法制孕育于商代，定型于西周。宗法制规定，社会的最高统治者"天子"是天帝的长子，奉天承运，治理天下土地臣民。从政治关系而论，天子是天下共主；从宗法关系而论，天子是天下大宗。"天子"由嫡长子继承，世代保持大宗地位。嫡系非长子和庶子则被封为诸侯，他们相对天子为小宗，但在各自封侯的地区又为大宗，其位由嫡长子继承，其余的儿子封为卿大夫。卿大夫以下，大、小宗关系依据上例。由此可以看出宗法制的基本内容为：嫡长子继承制、分封制、严格的宗庙祭祀制度等。

秦始皇统一中国后，建立了统一的封建中央集权的多民族国家，废分封制实行郡县制，实现了空前统一的社会政治结构。这种社会政治结构，对血缘宗法制度产生了重大冲击，但宗法制的某些基本特征，如皇位的嫡长子世袭制、贵族名位世袭制、父权家长制，以及政权、族权、神权、夫权等的紧密联系和相互渗透等，仍继续影响着中国社会和中华传统文化。

其一，中国人的血缘观念及家族观念十分浓厚。中国传统社会的结构是以家庭为单位的，每个社会成员都不可能脱离这种血缘宗法实体而独立。为了维护社会的稳定，首先必须维护家族的稳定。就统治者方面来说，统治者只有妥善地处理好家族成员之间的关系，才能使权利和财产的继承有章可循；就被统治者来说，一家一户为单位的小农生产是在家长的带领下进行的，也只有使家属成员和睦相处，尊长爱幼，才能保持生产活动和日常生活的正常运行。因此，历朝历代上至皇族宗室，下至平民百姓都是以这种血缘宗法关系作为巩固统治和维系家族稳定的支柱和根本。这一点，深刻影响了中国人的血缘观念。血亲关系是中国人际关系中最重要的关系。"亲族圈"是中国人交往的重要网络。因此，在宗法制度下，也就有了以宗法为经的人伦道德，家族在传统道德中有着极其重要的地位。因此，家族宗法伦理是我国传统伦理道德的基础和核心。

其二，在宗法制度的约束下，中国文化表现为崇拜祖先、注重族系延续的特点。中国文化中有天、地、君、亲、师五尊，其中以"亲"最为现实，其他四尊都可以从尊"亲"这一条中得到理解。在中国文化中，先祖、双亲最受尊敬；祭祖、"孝亲"文化在中国文化整体中占有十分重要的地位，这正是由于宗法制度造成的对祖先的崇拜，同样也使中国人崇拜救世主。家族供奉的是天、地、君、亲、师五尊,而不是上帝或佛祖。不但如此,宗法制度还促使传入中国的佛教仿照世俗宗法的继承关系,建立一整套法嗣制度和寺院财产继承法规。各个宗派的师徒关系,犹如中国世俗的父子关系,代代相传,形成世袭的传法系统。在政治权利和经济产权的继承上,宗法制度普遍遵循父系世袭原则,完全排斥女性成员的继承地位,因此中国人注重家族的延续,常以家族兴旺、子孙众多为荣耀,以无后、断子绝孙为大不孝。由于注重宗族的延续和繁衍,中国才产生了颇具特色的父母之命的婚姻,以及多子多福的思想观念和休妻、纳妾等一系列文化现象。

其三,族权与政权结合,形成"家国同构""君父一体"的结构。族权在宣扬纲常名教、执行礼法、维护宗法专制秩序方面,与国家政权的目标一致;国家政权也以家族精神统驭臣民。因此,在宗法制度下,个人被纳入宗法集体中,个体的人必须服从宗法团体。个人的自由,不论是经济活动的自由还是生活方式的自由,都要严格地受宗法集体限制。这样便产生了中国传统文化带有群体意识的特征。这样的宗法制度,促进了人与人之间的紧密关系,维护了尊老爱幼、夫妻相敬、兄弟相亲的家庭美德,从而对中国社会的稳定起到了积极的作用。但也在一定程度上压抑了中国人的个性和创新精神。从表面上看,这种占据传统伦理道德核心地位的宗法伦理体现的是人际关系的平等原则,但实际上却是严格的等级尊卑制。传统家庭按照宗法原则规定了人的等级差别,从而使人与人之间的差别、社会等级秩序僵化为不可改变的模式。

其四,宗法制度培养了中国人很重传统的观念。宗法观念强调敬祖宗、孝父母,其中自然包括对祖宗、父母所创造的事业、所立家训的尊重。做不到被认为是祖先的不肖子孙;能遵守祖训则被誉为孝子贤孙。久而久之,传统成了真理的化身。这种对传统的极为敬重,从积极的角度看,有利于中华民族历史和文化的延续;从消极方面来看,造成了中国人相对保守、厚古薄今的思维习惯,不利于人的进取和创新精神的发扬。

总之,血缘宗法关系或宗法思想意识,存在于政治、经济、法律、文化的诸多领域,成为中国传统社会的一个基本特征,对中国传统文化的形成和发展产生了复杂而深远的影响。

（三）中华传统文化的类型

半封闭的大陆型地域、农业经济格局、宗法与专制的社会组织结构相互影响和制约，形成了一个稳定的生存系统，与这个系统相适应，孕育了伦理类型的中华传统文化。

中华传统文化不仅在观念的意识形态方面产生了久远的影响，还深刻影响着传统社会心理和人们的行为规范，如孝亲敬祖、尊师崇古、修己务实、乐天知命等。如果把西方的文化视为"智性文化"，中国文化则可以称之为"德性文化"，即一种德智统一、以德摄智的文化。注重人与自然的和谐与统一：人，出于自然，以天地为父母，以万物为朋友，其精神（"气"）可以与天地相通。因此可以说，人的德出自自然天地，人与天地自然可以"合其德""天地有德"。中华传统文化的伦理类型，在社会根源上，主要源于中国古代社会宗法体系的完善及其影响的长期存在。

与世界各国不同，中国是在血缘纽带解体不充分的情况下步入文明社会的，从而形成了独特的宗法体系。与之相联系，血亲意识，即所谓"六亲"（父子、兄弟、夫妇）、"九族"（父族四：指自己一族、出嫁的姑母及其儿子、出嫁的姐妹及外甥、出嫁的女儿及外孙；母族三：指外祖父一家、外祖母的娘家、姨母及其儿子；妻族二：指岳父的一家、岳母的娘家）的观念构成社会意识的轴心，而且其形态在后来的发展中日益精密化。经过历代统治者及其士人的加工，宗法体系下的血亲意识有的转化为法律条文（如不孝成为犯罪的"首恶"），更主要的是形成宗法式的伦理道德，长久地左右着人们的社会心理和行为规范。

作为社会心理状况的理论升华，伦理道德学说当仁不让地成为中华学术的首要重心，影响之大，导致道德论与本体论、认识论、知识论混淆不分。人伦效法自然，"人法地，地法天，天法道，道法自然"。自然也被人伦化，天人之间攀上了血亲关系，君王即"天子"，从而形成了天人合一、主客相混的观念。

中国古代的知识论从未与道德伦理学说明晰地区分开，为学的目的主要在于求"真"——探索自然奥秘，更在于求"善"——追求道德觉悟。自然科学、分析哲学难以获得充分的发展，伦理道德学说却延绵不断，甚至成为众多学科门类的出发点和归宿。政治学成为道德评判，政事被归结为善恶之别、正邪之争、君子小人之辨；文学强调教化功能，成为"载道"的工具；史学往往以"寓褒贬,别善恶"为宗旨;教育更以德育居首,知识的传授倒退居其次;至于哲学,往往与伦理学相混,主要是一种道德哲学。其中儒学尤其突出,梁启超就认为:"儒家舍人生哲学外无学问,舍人格主义外无人生哲学。"

伦理型文化的作用与影响。正面影响:强调道德面前人人平等,"人皆可以为尧舜",对包括君王在内的统治者也可以形成道德制约和严格要求,人格评判式的道德制约在缺乏分权制的古代中国,所发挥的社会调节功能不可低估;在特定历史条件下,还能鼓舞人们自觉维护正义,忠于国家民族,抵御外来侵略,保持高风亮节。负面影响:将伦理关系凝固化、绝对化,以致在某种程度上成为人身压迫的理论之源。

(四)中华传统文化的特点

1.强大的生命力和凝聚力

英国历史学家汤因比认为,在近6000年的人类历史上,出现过26个文明形态,但在全世界只有中国的文化体系是长期延续发展而从未中断过的文化。中华传统文化的强大生命力,表现在它的同化力、融合力、延续力和凝聚力等各方面。所谓同化力,是指外域文化进入中国后,大都逐步中国化,融入中国文化而成为其的一部分,如佛教文化的传入和中国化;所谓融合力,是指中国文化并非单纯的汉民族文化或黄河流域的文化,而是在汉民族文化的基础上善于有机地吸收中国境内各民族及不同地域的文化——也有同化的意义;中华传统文化的同化力和融合力,是其无与伦比的生命延续力的内在基础;中华传统文化的强大生命力还表现在它具有历久弥坚的凝聚力。这种凝聚力具体表现在文化心理的自我认同感和超地域、超国界的文化群体归属感。

人类文明发展历史上,古埃及、古印度、古巴比伦以及中国并称为四大文明古国。但是唯有中国文明延续至今,其他文明早已中断,这就使得中华传统文化具有了延续性的特点,呈现出强大的生命力。

农业经济的连续性是中华传统文化不曾发生断裂的经济基础。三代以来,王朝的兴衰更替不可避免,短期的国家分裂、军阀割据时有发生,特别是游牧民族的侵扰与入主中原,都曾在中国历史的不同时期掀起悲惨壮烈的一幕。然而,一个个王朝灭亡,取而代之的王朝仍然推行并重视小农经济,中国的农业经济依然向前发展,建立在这一基础上的中华文明亦未曾被割断。相反,短期的战乱与分裂，更增进了中华传统文化的坚韧性和向心力。在各民族的共同努力下，中华传统文化历经动乱与分裂而不断得到充实升华，这种文化传统是任何外来势力都无法割断的。

政治的连续性是中国文化不曾发生"断裂"的内在依据，主要指的是政治传统的继承性，中华传统文化中的政治传统直接可以上溯到夏商周的奴隶社会时期。夏、商、周三代是中国青铜时代小邦林立的时期，三代的王不过是不同规模的邦的联盟的首领。这三代在中国远古史上相启相承、相袭相革。周代商，即袭用商的政治传统。东周时期，北方的戎狄和南方的蛮夷（楚）逐渐强盛，曾一度威胁诸夏的安全。齐桓公、晋文公先后提出"尊王攘夷"的口号，代替周王继续推行原有的政治传统。中国古代政治的一体化至秦汉完成，承袭了春秋战国时代的传统，从政治组织形式上做了新的调整，以郡县制代替分封制，更适合当时中国的发展。

2. 重实际求稳定的农业文化心态

在以农业生产为生存根基的中国，农业生产的节奏早已与国民生活的节奏相通。传统节日均来源于农事，是由农业节气演化而成的，并不像其他民族——节日多来源于宗教。农本商末、重农抑商的观念在中国式的农业社会可谓根深蒂固。务实精神是"一分耕耘，一分收获"的农耕生活导致的一种群体价值趋向。作为农耕民族的中国人，从小在农业的简单再生产过程中形成的思维定式是注意切实领会，并不追求精密严谨的思辨体系，被西方人称赞为"最善于处理实际事务"的民族。

3. 以家族为本位的宗法文化

中国古代历史的发展脉络，不是以奴隶制的国家代替长族血缘纽带联系起来的宗法社会，而是由家族走向国家，以血缘纽带维系奴隶制度，形成"家国一体"的格局。长族社会的解体在我国完成得很不充分，因而长族社会的宗法制度及其意识形态的残余大量积淀下来。几千年来，全社会并未长期存在如同古代印度和欧洲中世纪那样森严的等级制度，社会组织主要是在父子、君臣、夫妇、长幼之间的宗法原则指导下建立起来的。

4. 尊君重民相反相成的政治文化

中国的农业自然经济，是一种商品交换欠发达、彼此孤立的经济。在这种土壤中生长起来的人与人相对松散的社会，需要集权统治加以整合，以抵御外敌和自然灾害，而人格化的统合力量则来自专制君主。因此，"国不堪贰"的尊君传统乃是农业宗法社会的必然产物。

5. 摆脱神学独断的生活信念

同世界上任何民族一样，在中国的远古时期，也产生过原始的宗教以及对天命鬼神的绝对崇拜。直到殷商，中国人仍然尊神重巫。西周时，中国人的宗教观念产生了重要变化，开始"疑天"及"敬德保民"，从宗法中使神学独断的观念被削弱以至于被摆脱。这是中国文化与西方文化、印度文化等相区别的一个突出之处。儒家孟子认为道德之善，来源于人的本性，把对道德问题的讨论引向人的主观修养一途，摆脱了有神论的道德观。荀子则认为礼义道德来源于后天环境对人性的陶冶、改造，比孟子更为彻底地摆脱了有神论的道德观。道家则认为道法自然，否定了有人格、有意志的神。

在世界各国历史上，都有对人类产生、人类文明的看法。例如，基督教文化认为"创造"一词只属于上帝，世界的文明来源于上帝的智慧。而在中华民族的观念中，文明是圣人创造的。它不是依赖于神，而是依赖于人。与此相对应，中国人对黄帝的崇拜远远超出了对伏羲长与神农长的崇拜。似乎隐喻了这样的文化内涵，中国人更注重精神文明，这形成了中国文化的人文色彩。

6. 重人伦轻自然的学术倾向

中华传统文化以"人"为核心，表现在哲学、史学、教育、文学、科学、艺术等各个领域，乐以成德，文以载道，追求人的完善，追求人的理想，追求人与自然的和谐，表现出鲜明的重人文、重人伦的特色。《论语》中有关自然知识的材料共54条，涉及天文、物理、化学、动植物、农业、手工业等方面，不可谓不丰富，但究其内容都是利用自然知识以说明政治、道德方面的主张，而不以自然本身的研究为目的。

7. 经学优先的文化主流

中华传统文化还有一个突出的外在形式上的特点，就是它的经学传统。所谓经学传统，是指中华文化长期以儒家经学为主流，有着一以贯之的传统，形成了自己的特色。这对中华文化的发展产生了深远的影响：一是儒家思想对中华文化各个方面的广泛渗透；二是在经学的影响下，科学未能充分独立；三是经学对中国宗教的发展，也产生着一定影响，制约了宗教的发展和影响的扩大。

中国的传统文化并不是十全十美的，而是有其两面性。中华传统文化维系了伟大中华民族延续几千年而不衰,我们应充分肯定其中精华部分,但也要看到它的历史局限性,明确其中的糟粕。封建性和等级性正是传统文化的缺陷和不足之处。中华传统文化的核心——儒学,因与皇权结合而政治化,成为为封建统治服务的工具。主要表现是封建专制主义思想和封建宗法等级制度,以君权、父权、夫权为核心的等级制度和人身依附关系,官本位思想和重男轻女观念,都严重影响和禁锢了中国人的头脑。所以,关于传统文化,我们应该客观认真探析,本着实事求是的原则,结合我们当今社会发展的需要,不夸大、不掩盖,真正做到"取其精华,弃其糟粕",这对继承和发扬传统文化具有至关重要的作用。

8.中华传统文化的统一性

中华传统文化历经数千年发展始终呈现出统一性的特点,从政治方面看,中华传统文化经历了持久的统一过程。在夏朝建立以前,中国和其他国家一样,也是有许多各自独立的长族部落。经尧、舜、禹的苦心经营,以黄河流域为中心的中原地带趋于统一,但仍保留着小邦林立的局面。"当禹之时,天下万国,至汤而三千余国。"(《吕长春秋·离俗览》)"春秋之初,尚有千二百国。"(《晋书·地理志》)这些小邦与当时的奴隶制国家夏、商、周保持一种从属关系,每一小邦都受宗主国的保护,因此,虽然从形式上看是小邦林立,但它们都有共同的政治、文化中心。《诗经·商颂》:"邦畿千里,维民所止,肇域彼四海。"自西周以来,大一统的观念更深深植根于中国人的心中。春秋战国时期,在经济和政治的变更中,出现了诸侯争霸的局面。这从表面上看是一种分裂,但仍保持着中国内在的统一。孔子说:"管仲相桓公,霸诸侯。一匡天下,民到于今受其赐。"(《论语·宪问》)。也正是在春秋战国时期,中国出现了两件大事:一是小邦合并成地区性的王国;二是封建制(分封诸侯和附庸的制度)的建立。前者表明,国家的领土范围在扩展;后者表明,国家的政权在集中。这两者显然不是分裂的趋势,而是统一的趋势。正是在此趋势下,秦始皇统一了中国。继秦汉大一统之后,是魏晋南北朝的分裂,随之隋唐大一统,五代十国后的辽、夏、金、宋、元、明、清。在人类历史上,多次出现过因为异族入侵而导致文化中绝的悲剧,但是在中国,此类情形从未发生,并不是中国没有经受外族入侵,而是因为中国文化具有强大的同化力,多次"同化"了以武力入主中原的北方游牧民族,反复演出了"征服者被征服"的戏剧。

其次是思想上倡导统一，这在人类发展史上是较为超前的思想理念，"普天之下，莫非王土；率土之滨，莫非王臣"即是对统一思想的明确表述。从中国古代的帝王、贤哲，一直到中国的下层百姓，都有强烈的统一愿望。

再就是文字的统一，中国文字至少从殷周起就有一贯的发展。从甲骨文到现代的简化字，虽有很大的差别，但有一条清晰可辨的发展演变道路。尤其是经过秦朝统一文字之后，发展方向更加明确。统一的文字不仅为巩固国家政权的统一做出了贡献，更为中华民族经济领域的发展和交流，为文化领域里的"万里同风"，以及形成同一民族心理提供了有利的条件。这种文字的统一，对中国人群的凝聚、政治的统一、文化的传承、民族间的同化，以及中华民族共同的道德心理的形成，无疑起着重大作用。

9. 中华传统文化的伦理性

中华传统文化具有伦理性的特点，主要来源于古代封建社会中的宗法制度以及礼制。同西方社会有着明显的差异，古代中国是在血缘纽带解体不够充分的情况之下进入阶级社会的，古代人们的社会活动都以家庭为中心，形成了独具特色的宗法制度，由此血亲意识构成了社会意识的核心，经过历代统治者及其学者的改良加工，逐渐演变成了明文的伦理制度，如束缚女性的三从四德，不孝有三、无后为大的伦理观念等礼制形成，更主要的是形成宗法式的伦理道德，长久而深刻地影响着传统社会心理和人们的行为规范。

伦理道德学说作为对社会心理状况的一种理论升华，很快就成为传统文化的核心内容，在多种文化形态中占有非常显著的位置。可以说，中国古代文化理论知识体系所呈现出来的就是一种典型的伦理体系。中国传统哲学，无论儒、道、佛，其核心部分都是伦理道德学说，这一点在儒学中体现得尤为鲜明。学者专注礼义，终日论道。与伦理教化无关的知识，往往被看作是"无用之辩""不急之察"，或斥之为"奇技淫巧"。中国的文学艺术也是以"善"为价值取向的，主张"文以载道"，美善合一，强调教化功能。中国传统史学，往往以"寓褒贬，别善恶"为己任，围绕伦理纲常论定是非，而不以记录保存历史资料为基本任务。传统教育更是主张"首孝悌，次见闻""行有余力则以学文"，以伦理价值的传授为首，知识的传授倒退居其次。其他如政治理想是"德治"，经济理想是"不患寡而患不均"，法律方面强调"德主刑辅"，莫不以道德为基础。世界多元文化中，唯有中国文化将伦理道德提升到如此显著的位置，伦理道德学说甚至发展成为当下诸多学科的基础，从而使得中华传统文化呈现出伦理道德至上的文化精神特点与价值趋向。

10. 中华传统文化的人文性

中华传统文化还具有人文性的特点，人文性同宗教性是相对的，主要包含了中国文化在内的人类文化。由于早期原始人类存在着自然崇拜的心理，因此那个时候出现的文化并没有体现出很好的人文性特征。伴随着人类社会阶级压迫的产生，人类对自然的恐怖感转向对社会、对人生的疑惑与不安。基督教和佛教在其初期，都是针对社会和人生问题而提出救世主张，其救世主张和方式是灵肉分离。中华传统文化以人为中心建构起自己的理论体系，将天、地、人三者并列，认为人是"万物之本""最为天下贵"，向世人展示了其理性的一面。

中华传统文化中的人文精神，以礼乐为中心，渗透于伦理、政治、社会规范等方面，成为统治者的统治工具与社会教化工具。经过长期的熏陶，使每一个人都能自觉地把自己置于现实社会的五伦关系中来考虑自我生存之道，明确政治上的君臣关系，家庭中的父子、夫妇、兄弟关系，社会上的朋友关系，以及应该遵从的道德规范。人生价值实现方面，中华传统文化主张内在道德修养同外在道德实践的有机结合，并非主张灵魂不朽，倡导立功、立德以及立言的契合，最终实现理想化的个人品格。正是由于中华传统文化所具备的人文性特点，使得中国人普遍关注人世、重视人生，继而在极大程度上推动了社会与文化的发展与进步。

11. 中华传统文化的兼容性

中国幅员辽阔，区域差异明显，不同的自然条件中造就出了迥然有异的地域文化，如西北的秦文化、山东的齐鲁文化、河北地区的燕赵文化、湖北地区的荆楚文化、四川重庆地区的巴蜀文化以及江苏的吴越文化等，使得中华传统文化具有了多样化的特点。秦汉以来，中国大部分时间是统一的，而文化也逐渐融合在一起，不仅包容了诸子百家学说和汉族不同地区的文化精华，还吸取了周边少数民族和国外的优秀文明。佛教自汉代传进中国以来，至魏晋南北朝隋唐时期形成一个高潮。中国固有的儒、道、玄等文化，通过与外来佛教文化的会通交融，获得新的营养而走上了一个更高的层次。明末清初时期，西方的耶稣会士东来，带来了西方的文明。虽然这时的中国已渐趋保守，文化的包容性有所减弱，但许多有识之士仍积极吸收借鉴耶稣会士传进的科学技术，对当时社会生产力的发展起到了一定的积极作用。近代以来，面对西方列强的欺凌压迫，大批热血的知识分子仍然不忘吸取西方文化，从早期洋务派提出的"师夷长技以制夷"到借鉴西方民主共和以及君主立宪制度，再到后期学习马列主义思想，都能够深刻体现出中华传统文化所具有的兼容性。

12. 中华传统文化的变动性

传统文化具有稳定性并不代表是一成不变的，因为文化并非是固化的，而是随着历史不断发展的，任何传统文化的稳定都是在其动态变化中实现的。针对于此，学者伽达默尔指出，"传统不单单是我们进入其中的某一先在条件，传统是我们自己创造出来的，因为我们理解、参与传统的演变，从而传统就由我们进一步加以决定"。这种理解和参与传统的演变，当然包括我们当下的经验来理解和诠释古代的经典，但更重要的是，人们在现实生活中的创造性实践对传统的改塑。在他看来，传统是流动于过去、现在、未来这整个时间中的一个流动的生成过程，永远处于"制作"之中；传统是主客体之间的一种关系，传统并不只是我们继承得来的一宗现成之物，而是我们自己把它生产出来的，因为我们理解传统的进展，并且参与到传统的进展之中，从而也就靠我们自己进一步规定了传统；传统只有创新，无法摆脱，不管人们愿意不愿意，传统都先于我们而存在，而且是我们不得不接受的东西，主体在与传统之间的理解、分析、互补关系中，体现了主动性。尽管他在这里过分夸大了传统的流动性和主体创造性的一面，忽视了传统的稳定性和滞后性因素，但他的确抓住了传统的最本质含义，即传统是一个自我否定、自我超越的变异系统。

文化在一定程度上能够如实反映社会生活，并且文化具有时代的特点，不同时代的生活也能够在文化上体现出来。伴随着民族群体社会生活的不断发展与演变，人们学会了创造新的文化来迎合时代发展的需求，从而使本民族文化不断增加新内容，以适应新的社会生活实践需要。此外，在这个创造过程中，以往的传统作为每一代人进行文化创造的起点和资源，只有在符合当代人要求的前提下，才有其作为"传统"的价值，通过不断的筛选、重组、整合为新文化的构成部分，赋予新的时代内容和新的表达方式，才可能被继承和传递下去。那些虽在历史上存在过，但却没有对后来的传承发挥作用的某些文化因子，不构成传统。凡是传统总会在某些方面、某种程度上对当代人的生活产生影响，总会以某种方式参与到新时代的实践创造中。传统是通过对现代人的制约和支配而获得自己的规定性的。这就意味着，传统不是消失在历史中的东西，不是仅仅沉睡在遗存下来的书面文献中的东西，同样也并非现代人的身外之物，传统文化应当借助现代化的多元手段与媒介进行创新与转化，从而起到服务现代人生活的作用。传统文化并非仅仅代表着历史与过去，同时能够为当下与将来贡献力量，更是实现文化传承与创新的重要内容，所以说文化既是继承与创新的统一，又是稳定与变动的统一。

第五节　华夏文明的历史演变

一、中华传统文化的发端与奠基：夏商周

（一）中国原始文化的起源、特征和表现形式

伴随着中国原始人类活动的足迹而发展起来的中国原始文化，从一开始就体现出多元多样的特征。

（1）从时代和地域看，中华民族在远古不同的时期和地域创造了不同的原始文化。

主要体现在几个方面：夏族与仰韶文化及其延续龙山文化关系密切，西部地区民族与马家窑系统的文化关系密切，东部地区的东夷诸部族与大汶口文化和今山东的龙山文化关系密切，南方地区的诸部族中，古越人与河姆渡文化、马家浜文化、良渚文化的关系密切，荆蛮、百濮等族与大溪文化和屈家岭文化关系密切，东胡诸部族与新乐下层文化、富河文化、红山文化关系密切，北方地区的戎狄诸族与以细石器为主的新石器文化关系密切。

（2）从表现形式看，主要包括两个方面，即原始物质文化与原始精神文化。

所谓的原始物质文化就是指中国远古时代人们所创造的各种物质财富和系于物质财富之上的各种文化内涵，主要包括反映社会生产力水平高低的生产工具发展状况、人类所需要的生活资料等物质条件的发展变化情况，以及满足人类精神需要所出现的物质成果。

距今约10万年前，长族公社开始形成，分为母系长族公社和父系长族公

社。考古发现比较有代表性的母系长族公社为：山顶洞人遗址、河姆渡文化遗址、半坡村遗址、仰韶文化遗址等。父系长族公社著名的有：大汶口文化、龙山文化、良渚文化等。距今18000年的山顶洞人已经能磨制骨针和骨、石饰物。在距今6800年的河姆渡文化时期，中华先民已进入新石器时代，生产、生活用具已是精致的石器、骨器，手制的陶器，农业已有相当程度的发展。公元前5000年到公元前3000年的仰韶文化时期，居民已过着定居的农业生活，家畜饲养已经开始，陶器已有了颜色花纹。距今4000—5000年的良渚文化，稻作农业、竹木制作、养蚕、丝织、麻织等都有了重要的发展，并有较精美的玉器。象形刻化符号、彩绘、岩画、雕刻反映了4000多年前中华先民的经济、文化、艺术的发展。原始宗教在此阶段也已产生，崇拜自然，崇拜祖先、生殖，崇拜图腾，各种祭祀活动盛行。

再就是原始精神文化，主要是指中国远古先民在认识自然、改造自然过程中所创造的一切精神财富的总和。原始精神文化主要包含了原始宗教文化和原始艺术文化，主要表现为：自然崇拜、图腾崇拜、祖先崇拜、生殖崇拜等。同时，先民在日常生活中，还充分发挥自身审美情趣，把各类生产工具和生活用品进行美化，创造出很多精美的玉器、陶器、绘画和雕塑。如新石器中晚期江苏连云港将军崖岩画，绘画手法全为清晰的长线条，或刻画圆圈，或画直线，图像中的内容为人面、兽面、花草、星云等，还另有一些含意不清的抽象符号，其内涵大抵是祈盼丰收与降灾兴族。

（二）中华传统文化的雏形和奠基

夏、商、周时代（公元前2000年至前300年），是中华传统文化雏形和奠基时期。这时期华夏族已成为一个稳定的共同体，中国许多传统文化的基础都是在这一时期奠定的，春秋战国时期的思想流派都能在这一时期找到渊源。

夏朝开始，中国社会发展由原始社会进化到了奴隶社会，夏朝最高统治者是夏王，夏王之下会设置诸多的官职，百官为大小贵族，建立了刑罚体系，奴隶成为被统治、被剥削者。此时，农业、畜牧业、手工业有了较快的发展。随着农业生产的需要，天文历法也有了新的发展和提高，我国传统的六十甲子计日方法此时已经出现。到商朝，实行王位继承制，封君、侯、伯。科技文化发展方面，从发掘出的殷墟甲骨文看，象形、指事、会意、假借、形声等汉字结构规则兼具，中国文字已进入了成熟时期。文字的使用，使商人最先有了典册，形成了尊祖、重巫术的文化特色。

夏朝之后便是周代，前期是西周，主要推行分封制度，并以血缘为基础构建了嫡长子继承制以及宗法制度，从而进一步确立了森严分明的尊卑等级制度，这就是最初的礼制雏形。中国传统的礼制文化始于西周。先由周公制礼作乐，又由敬天思想发展形成了"敬德保民""以德配民"等思想观念。配乐歌唱的诗歌《诗经》也在西周产生，有很高的艺术性。而具有阴阳对立整体哲学思想的《周易》一书，虽是最早的占卜用书，但体现出了事物的阴阳对立、交感互斥和发展变化。

二、中华传统文化的形成与成熟期：无桑为秦汉

公元前770年，周平王把都城从镐京迁到洛邑（今河南洛阳）。从这一年起到公元前476年为春秋时期。从公元前476年到公元前221年秦灭六国为战国时期，这一时期"礼崩乐坏"，出现了百家争鸣的学术齐放繁荣局面，战国七雄开始了相互吞并的战争，各国变法运动此起彼伏，整个社会处于大变革的特殊时期。

这个时候社会科技逐步提高，而奴隶制度逐渐没落，封建地主阶级成为社会核心，这为传统文化的形成奠定了必要的经济基础。而百家争鸣局面的形成则为中华传统文化的体系格局提供了框架，其中比较著名的有以孔子、孟子、荀子为代表的儒家，以老子、庄子为代表的道家，以管仲、子产、韩非子为代表的法家，以墨子为代表的墨家，以孙子、吴起等为代表的兵家，以邹衍为代表的阴阳家，以许行为代表的农家等。各学派著书立说，对宇宙、社会、人生等各个领域进行探索，发表议论，让中华传统文化从各个方面得以展开并升华，成就了中国古代传统文化发展史上第一批百科全书式的经典书籍。

秦汉时期（公元前221年至220年），是我国封建社会发展的第一个高峰时期，专制主义中央集权的统一局面初步形成，多民族之间的政治经济加强了联系，促进了中华传统文化的发展和成熟。这一时期，中华传统文化的基本精神和内容都有了较为长足的发展进步，而且逐渐倾向于统一。

三、中华传统文化的曲折、鼎盛发展与定型发展期：魏晋至宋元

魏晋时期，由于五胡乱华特殊时代的原因使得整个社会发展趋于停滞，十六国先后成立，政治上呈现出分裂割据的局面，统一的政权形式被打破。西汉中期已定型的以经学为主干、以儒学独尊为内核的文化模式土崩瓦解，出现了生动活泼多元发展的局面。总的来说，是儒、玄二学及佛、道二教相互冲突、相互结合，意识形态结构激烈动荡，加上匈奴、鲜卑等北方少数民族入主中原，引发胡汉文化的大规模冲突与交融，使这一时期文化呈现出多元性、丰富性。

这一时期，官学屡遭毁坏，门阀家学成为典章学术传承的重要形式；佛道文化在动荡中相争相补，空前发达；玄学为填补世族心灵的空虚应运而生；由于各民族和中西方文化交融的推动，科技、文艺和史学奇迹般地得到进步；制度、风俗也在动乱中整合创新。魏晋南北朝时期，中华传统文化在动荡的过程之中走向多元。

公元589年，隋文帝灭陈国，结束了长达300多年的四分五裂局面，重新建立了统一的多民族国家隋朝。隋朝的建立，结束了中国长期动荡不安的局面，华夏各族复归一统。隋文帝时，社会财富加剧积累，人民生活安定富足。虽因隋炀帝统治多行暴政，以致隋朝短命，但隋朝创造的科举制，为历代文人提供了入仕佳径。继承隋朝主要遗产的唐王朝国力更加强大，出现了贞观之治、女皇治世、开元盛世、玄奘西行、鉴真东渡等历史事件。周边的突厥、西域、吐蕃、契丹等少数民族归顺，与朝鲜、日本、印度以及中亚、西亚、北非等地的国家关系密切，交往频繁，形成了宽容开放、兼收并蓄、气派宏大的唐朝文化。儒、佛、道相互渗透，并存发展。以李白、杜甫、白居易等为代表创作的唐诗，无论内容、风格、形式、技巧都达到了炉火纯青、辉煌巅峰的境界，绘画、书法、音乐也是盛极一时。经济繁荣，社会比较安定，文化昌盛，令世界为之瞩目。

宋朝活字印刷、指南针及火药的发明和应用，对人类做出了杰出的贡献。宋朝因为极其重视文教，学术文化的成就极高。理学以儒家思想为核心，吸取佛、道的思想建立起新的理论体系，成为南宋以后占据统治地位的官方学说。宋元时期，市民文化蓬勃兴起，成为民间文化的主流，在中国文化的发展中具有重大的影响与作用。戏剧表演开始出现，特别是元杂剧，作为一种舞台演出

的综合艺术，已经具有相当的水平，为此后的戏剧艺术奠定了雄厚的实践基础。

宋朝文学成就中比较突出的是词的创作，词与歌的结合，使词得到了广泛的传播。词有婉约派、豪放派之分，婉约派的代表词人有柳永、李清照等，豪放派的代表词人有苏轼、辛弃疾等，可以说宋朝词人辈出，宛如夜空上璀璨的群星。欧阳修等人倡导的古文运动，宋诗的创作也有突出的表现。在绘画领域，山水画、人物画展示了多姿多彩的时代风貌和美学意趣。因此，种种迹象表明，宋代文化空前进步，这是中国古代文明发展的高峰阶段。

四、中华传统文化的繁盛发展与危机发展期：明清时期

明、清前期，商品经济继续发展，海上"丝绸之路"冲开封建统治者的重重束缚和限制，通向世界各主要资本主义国家，社会经济生活领域不断扩大，明清文化处于传统文化的衰落时期，同时又为传统文化向鸦片战争之后近代文化的转型准备好了历史条件。

明清之际，古老的帝国已渐渐出现夕阳西垂的光景，外国传教士的进入，带来了西方的科技、思想，中西方文化冲突显现。而大清帝国虽然创造了康雍乾盛世，但鸦片战争爆发，帝国被西方殖民者的坚船利炮击破。1840年以后的百年时间里，中华民族历经沧桑磨难。

明清时期盛行文化专制，最明显的就是文字狱的兴盛，压抑人们思想的自由与开化，为统一专制思想服务。由于社会经济不断发展，在江南地区甚至出现了雇佣关系的资本主义萌芽，顺应出现了早期的启蒙思想，各类图书典籍出版，如《永乐大典》《古今图书集成》《四库全书》《康熙字典》《本草纲目》《农政全书》《天工开物》等。文学方面，小说的成就尤其突出，如长篇小说《水浒传》《三国演义》《西游记》《金瓶梅》《红楼梦》《儒林外史》；短篇小说《三言二拍》《聊斋志异》等，还有汤显祖、孔尚任、洪昇等的戏剧。总的来说，明清时期可以说是中华传统文化由全盛走向衰落的时期，也是传统文化向近代文化转型的准备时期。

明清两代是中华传统文化的总结时期。明清戏曲占据了古代文化艺术的中心地位。明代编撰的《永乐大典》是世界最早最大的一部类书。《本草纲目》《农政全书》《天工开物》是总结性的科学著作。清代编就的《古今图书集成》

则是我国现存的最大的一部类书。《康熙字典》是世界上最早的字数最多的字典。《四库全书》则是迄今为止世界上页数最多的丛书。这些都是传统文化的总汇和大成。

第二章 中华优秀传统文化理论

第一节 中华优秀传统文化释义

一、中华优秀传统文化的概念

中华传统文化包含中华优秀传统文化，两者之间是整体与部分的关系。传统文化中有积极意义的精华部分被称为中华优秀传统文化，它是对中华历史的记录与传承，是对人类精神、社会文明的思考与总结。文化凭借它独有的魅力记录着历史，推动着历史，改变和传承着历史。

中华优秀传统文化可以激发民族自信心和自豪感，鼓励人们前进，反映中国社会健康的精神方向，有很强的生命力，具有持续性和稳定性。中华优秀传统文化在当代的表现为：自强不息的奋斗精神，厚德载物的博大胸襟，崇德重义的精神境界，团结统一的价值方向。

二、中华优秀传统文化的基本内容

中华传统文化曾以辉煌的火焰照亮了东方，但是近代中国的落后和屈辱，中华传统文化也一度落后。正确处理当代与历史的关系，有助于增强民族自信心。总的来说，中华优秀传统文化包括以下基本内容：

（一）重德精神

中华民族以重德著称于世，道德是人的行为修养，对国家、民族的发展有积极的影响。儒家思想的核心为"仁爱"，崇义、尚仁体现了中华民族的重德精神内涵。

（二）宽容精神

孔子提出的"仁即爱人"、孟子提出的"仁政"，以及墨子提出的"兼爱"都是宽容精神的体现。《易经》指出君子应当具有像大地一样宽广的胸怀，用宽厚的德行包容世界。

"君子和而不同"，根据《易经》所云，人需要有伟大的胸襟，可以容纳一切，有能力在对立中求统一。通过包容、融合成为一个整体，"中庸"思想很好地诠释了"和"字。

（三）自强精神

作为中华民族精神的一部分，自强不息蕴含于传统文化中。正是坚忍不拔、自立自强的精神支撑着我们民族发展和进步，中华民族自立于世界民族之林靠的就是由此拓展出来的刚正不阿、不屈不挠等精神。

（四）求实精神

中华文化比较关注社会、人生问题，比较关照人心和人性、看重现实，坚持一切从实际出发，实事求是。

孔子教育弟子实事求是，反对主观臆测就是实事求是精神的体现。中国人一向务实，主张踏实的作风，在性格上被打上了朴实、脚踏实地的烙印。

三、中华优秀传统文化的特征

（一）崇德尚贤的伦理性

在中国几千年历史中，优秀传统文化遵循德育至上，以伦理道德为核心。儒家思想中提到，大学教育旨在彰显德行，去除污点，达到至善至美。《论语》中也对修德有要求，孔子认为，人应该遵守修养，通过道德教育，将人与动物区别开来，社会应该弘扬德行。

中华传统文化在古代典籍中有记载，在古代人们道德践行中有反映。一方面，古代统治者以道德手段教育感化人们，实现其统治目的；另一方面，古代人们崇尚理想的圣贤人格，以儒家思想为标准约束行为，从而提升境界、实现价值。

（二）延绵不绝的生命力

根据英国历史学家汤因比的观点，在近六千年的人类历史上出现过26种文化形态，其中比较早的文化体系除了古中国文化，还有古印度文化、古巴比伦文化、古希腊罗马文化、古埃及文化等。中华传统文化属于这些文化形态中唯一一种延绵不绝的文化。中华传统文化在东亚大陆按照逻辑演化历经五千多年而不中断，这些体现出了它较强的生命力和稳定性。

（三）开放、包容、内化的自我革新性

古代中国属于开放的国家，国家内部之间各个诸侯国相互合作，同时与其他国家的交流和文化传播具有兼容性和开放性。

中华传统文化发源于黄河流域，随着北方游牧民族的入侵，逐渐受到游牧文化影响，农耕文化与游牧文化在交融中保存特质，互相融入吸收。

中华传统文化具有包容性，吸收外来文化的精华。比如，古印度的佛学从汉代传入中国以来，与儒家、道家一起成为中国传统文化的重要组成部分。包容力展现了中国传统文化的胸怀与气魄，以及文化的自我革新精神。

四、中华优秀传统文化的道德力量

（一）正心修身

1. 安贫乐道

中华民族最讲究修身，在中华传统文化中，修身占据的地位非常重要。修身影响个人的处世与事业发展。我们应该将传统美德内化为力量，按照传统文化的要求把自己提升为谦谦君子。

每个人的成长道路都有逆境、挫折和痛苦，有些经历可能会超出一般人的承受能力，如何才能经受住这些严峻的考验，渡过难关？关键不是靠外力的支持，而是靠自己的修养。"安贫乐道"告诉我们，虽然处境贫困，但仍需要坚持信仰。"道"字原义为儒家的道德，后来被引申为人生的信念、理想、行为准则。孔子认为吃着粗粮、饮着白开水、把胳膊当枕头也是充满乐趣的，他的话给我们的启发为：一个人的快乐不在于物质享受，而在于精神追求。人一旦把心思都用在追逐金钱和名利方面，就会滋生很多执着心，不能一心向道。而且，古人认为，财富多了会滋长很多欲望与私心，干扰求道。

人是最具备适应能力的动物，所以在贫困中生存下来很容易。问题是，当我们面对贫困境遇时，是痛苦地活下去还是选择过一种快乐的生活。在这个时候，我们心中应该有一个光明的信念，同时坚持自己的信念。相信"梅花香自苦寒来"就能够忍受当下的苦寒，就会产生出刻苦用功的动力。作为一种正心修身的方法，安贫有助于我们更好地求道，修炼自己的心智；乐道则有助于我们克服当下的贫苦，坚定自己的理想和信念。

2. 勤劳节约

中华民族勤劳、勇敢，万里长城、大运河、都江堰等伟大工程是我们中华民族辛勤劳动的见证。在中华文化历史上，流传着许多用劳动征服大自然的动人心弦的故事。中国古人很早就认识到"赖其力者生，不赖其力者不生"的真理。

热爱劳动是立身、安家、兴邦的根本。中国古代最伟大的医药学家李时珍就是一个把热爱劳动这一美德发扬光大的人。我国古代人民很懂得劳动的重要性。有句古诗说："锄禾日当午，汗滴禾下土。"墨子认为，劳动是人与动物的根本差别。人跟动物不同，人类如果想要生存下去，必须自食其力。勤劳的美德是开源，节约的美德是节流。勤劳节约让人类积累了大量的物质财富和精神财富，帮助中华民族历经磨难依然屹立在世界的东方。

《左传》中说："俭，德之共也；侈，恶之大也。"意思是说：节俭，是善行中的大德；奢侈，是邪恶中的大恶。《尚书》对一国之君的要求是："克勤于邦，克俭于家。"中国古代的圣贤之君都是国事勤劳，家庭节俭。

作为中华民族一直持有的传统美德，节俭影响着我们历代人的行为，崇尚节俭在物质财富相对富足的今天仍然适用。我们应该培养节俭这一美德。因为只有具备了这一美德，才能不为物欲所羁绊。纵观古今，凡是留名青史的人，都拥有节俭这一美德。

3. 明礼诚信

《论语》中说："民无信不立。"这句话被后人归纳为中华传统美德之一，即明礼诚信。

中国之所以有礼仪之邦、文明古国的美誉，就是因为自古以来，中国特别讲究隆礼。这里所谓的"礼"指的是"礼仪""礼貌""中和""谦敬"。《礼记》中还专门有这样的规定："入境而问禁，入国而问俗，入门而问讳。"意思是说：

进入一个地区，先要问当地的法制禁令；进入一个国家，先要问该国的风俗习惯；进入别人家里，先要问主人有什么忌讳。以上都是自古以来中国文化中讲究"礼仪""礼节""礼貌"的一些代表性言论。

"明礼"和"诚信"之间存在密切联系。"诚信"只有通过"礼仪"才能真实地表达出来；"明礼"只有通过"诚信"的本质，才能免于虚伪。"忠信，礼之本也；义理，礼之文也。无本不立，无文不行。"古人把"忠信"看作"礼"的本质。"诚"于内而"礼"于外，是对两者关系最恰当的解说。

在"诚信"这个词语中，"诚"指诚恳、诚实，"信"指信用、信任。"诚"和"信"合在一起，就是指做人需要忠厚，信任他人，也让他人信任自己。

4.浩然正气

根据孟子的观点，浩然之气是刚正之气，是大义大德造就的一身正气。更加直接点，就是骨气和节操。中国人最注重这两点，正所谓"三军可夺帅也，匹夫不可夺志也"。《荀子》一书中说："大节是也，小节是也，上君也；大节是也，小节一出焉，一入焉，中君也；大节非也，小节虽是也，吾无观其余矣。"从修身的角度而言，小节无疑也是重要的，在小的事情上能够让自己的行为符合道德要求，是个人美德的具体体现。但从政治生活角度而言，古人更注重的是大节，一个人在原则问题上坚持底线，"临大节不可夺"是保持气节的关键。因此，大节是指一个人对国家、君主忠诚与否，而小节则是指一个人生活中个性品德的好坏。

气节一直是古代思想家推崇的精神力量，属于一种崇高的美德。孟子认为，坚持道义到一定高度，自然会产生一种至刚的力量，鼓舞人们勇猛前行。那么，我们应该具备哪些气节？

首先，每个人都有自己的尊严和人格，尽管人格表现出明显的不同，但人们在评价它时总会有一些共同的标准。这些共同的标准就是人格的尊严和独立。其次，人应该有正义感，可以为了正义不惜牺牲一切，大义凛然。最后，人应该维护民族和国家的利益。

（二）与人为善

中国人始终把人际关系当作人生中的一件大事，围绕着这件大事，产生了诸多传统美德。这些美德主要有以下四种：忠、孝、仁、义。这四者分别规定了中国传统社会最为重要的四类人际关系：孝，讲处理家庭生活中各种关系的基本准则；忠，讲处理个人与社会、国家关系的道德规范；仁，讲人与人之间、个人与陌生人、上级与下级之间的相处之道；义，讲处理人际关系，尤其是利益关系的道德要求。

忠、孝、仁、义这四个基本道德规范，是中国传统社会道德生活的基石。在此基础上，传统道德的其他规范得以建立和发展。总体而言，这四种传统道德的终极目标可归纳为四个字：与人为善。

1. 尽己之谓忠

《论语》中"三省吾身"的第一省"为人谋而不忠乎"说的就是，替别人做事时，有没有不尽自己心力去做的时候呢？在这里，"忠"是尽心竭力的意思。"忠"还表现为尽职尽责，认真做好自己的本职工作。最后，"忠"表现为忠于民族和国家，忠于自己的祖国和民族，将个人命运与祖国、民族的命运紧密相连，时刻关心国家和民族的命运。

2. 孝为人本

孔子说，孝是为人之本。中华传统美德第一经的《孝经》更是把"孝"提到了无与伦比的高度："夫孝，天之经也，地之义也，人之行也。"

"孝"不仅仅是一种美德，它还是做有道德的人的根基。《论语》中有这样一段话："君子务本，本立而道生。孝悌也者，其为仁之本与！"由此可知，孝顺父母是做人的根本，一个人只要在家庭生活中是一个孝子，那么当他走向社会后，就不会干什么坏事。对这个观点的理解思路是这样的：连养育自己的父母都不孝顺，那这个人还能对得起谁呢？

或许正是受这种思路的影响，古人将"孝"界定为诸德之本，国君可以用"孝"治理国家，臣民能够用"孝"立身理家。由于对"孝"的这种推崇，所以在中国古代选举官吏时，孝顺父母是一条重要的道德标准，汉代的董仲舒就说："求忠臣必于孝子之门。"

3. 仁者爱人

中华传统文化中分量最重的一个字是"仁"，孔子提出"仁者爱人"，"爱人"就是仁，是中华传统道德的精髓。这一传统美德要求我们在日常生活中、与人打交道时要常怀一颗爱人之心，与人为善。因此，爱人应当是真实的、发自内心的想法，虚伪就是不仁。

"仁"有很多种表现形式，如系身成仁、仁政爱民、大仁不拘小节，其核心在于推己及人。所谓推己及人，就是设身处地为别人着想，这就是最高尚的仁。推己及人的对象主要有两个层面：一是自己身边的人；二是整个社会中的人群。从影响身边人的角度而言，己所不欲，勿施于人；己欲达而达人，己欲立而立人。这两个方面的内容在传统道德学说中被称为"恕道"。

在日常生活中，人们将心比心，不损害他人。你自己不愿意做的事情，不能要求其他人去做或者替你去做。作为子女，我们自己在家里不愿意干的活，不应该要求父母替我们去干；作为朋友，我们自己不愿意做的事情，不应该要求他人帮助我们去做；作为社会的一分子，我们自己不愿意尽的责任，不应该要求他人对我们履行或替我们尽责。

"己欲达而达人，己欲立而立人"要求人们将心比心，积极利人、助人，给他人以机会和力所能及的帮助。你自己想在困难的时候获得别人的帮助，那么在别人困难的时候，就应该去帮助他人；你自己想获得成功，那么就应该帮助他人获得成功，至少是不阻碍他人获得成功；你自己愿意成为一个善良的人，那么就应该创造条件去帮助他人培养他的善良本性。

孟子所说"穷则独善其身，达则兼济天下"。这句话是古代知识分子的理想人格和道德标准。这句话的意思可以理解为：当一个人能力有限时，应尽力提升自己的修养；能力较强时，就要努力为天下人造福。概言之，"恕道"的基本思想是用自己的感受去理解他人的感受，用自己的品德帮助别人的品德成长，懂得换位思考。"己所不欲，勿施于人"属于基本的、起码的要求，这一要求在现代社会中被称为道德的"黄金定律"；而"己欲达而达人，己欲立而立人"则是更高的要求，由此可以成为中国传统道德所要求的"仁人"。

4. 义在利先

义，就是我们今天常提的"道义"，它是中国传统道德的"五常"之一，也是古人与人相处中使用频率最高的一种道德规范。义，繁体字写作"義"，由"羊"和"我"两字构成。在后来的形变中，"义"作为一种道德规范，含义十分丰富。对"义"的道德要求进行系统论述的是孟子。《孟子》一书中，使用"义"字108次，将义作为人立身处世的根本。自孟子后，"义"开始成为中国人道德生活的基本规范，影响至今。

谈"义"，必然绕不开"利"，"义利"是中国传统文化中无论如何都绕不开的道德话题。孟子把"义利"问题谈得十分透彻。

孟子对"义利"孰轻孰重,如何把握进行了详细的说明,明确提出"重义轻利",那么,在我们的人生中该如何来行"义"呢?

(1)"义"为宜,是一个人适合做的、应当做的事情

古人多以"宜"来解释义。事得其宜之谓"义","义者,事之宜也",而"宜"在古代就是应当的意思。面对一件事,采取最为适宜、恰当的行动,做出最为合理的反应,便是"义"。当我们看到歹徒正在行凶,当事人生命受到威胁时,挺身而出,采用一定的行动加以阻止,这就是"义";否则就是不义。"义"的要求超越个人利益的考量,关注的是应不应该,而不是个人利益的大小。一旦考虑了利益的大小,那就是利在"义"先了。

(2)"义"要求做出的行为,是一个人在特定环境下应该做出的行为,这种行为本身应当是以对是非善恶的正确判断为前提的

我们现在生活中流行一个词叫作"讲义气",但古人早就说过,"义"的道德要求一定不能违背善,"夫义者,所以限禁人之为恶与奸者也"。朋友的正当需求,我们当然应该倾力相助,但如果朋友想做的事情是违法或不道德的,我们更有义务维护道德和法律的尊严。孟子说:"言不必信,行不必果,唯义所在。"我们遇到的所有事、许给别人的所有诺言,都不一定是必须履行的,关键是看这些事情和诺言是否符合道德和法律的要求。"义"要求的是做好人,而不是做一个为了所谓"义气"敢于作奸犯科的愚人。

(3)"义"的要求内容是因人的身份、职业不同而有所不同的

所谓"义"者,"为人臣忠,为人子孝,少长有礼"。前面两条已经说过,现在重点讲述"少长有礼"。在古人的道德规范中,"待人以礼"是相当重要的,对任何人都应该以礼相待。尊师重教就是其中之一的礼,也是中华民族的传统美德。

(三)君子怀德

在中国传统文化中,君子人格是每个人都可以通过修德获取的人格,君子境界也是每个人都能到达的境界。仅仅从人格来讲,具备前面所讲的美德就是"内圣";但只有具备隐忍、知耻、无私,才可以做到"外王"。

1. 隐忍

中华民族是一个极具坚忍力的民族。无论佛家、道家还是儒家都对"忍"情有独钟，都认为"忍"是成大事的一种必备美德。儒家特别看重"忍"，《论语》中多处记载孔子论"忍"，他说："小不忍则乱大谋。"意思是小事不能忍让，就会破坏大事情。中国传统典籍中有很多关于"忍"的论述。中国民间对"忍"的理解更是别有趣味。

2. 知耻

对于知耻，我们应该明确以下三个问题。首先，知耻必先知善。中国古人很重视独立人格的培养，认为人人都有自己的价值，都有行仁德的能力，强调"人人有贵于己者"。我们以礼来节制自己，以广德之心为人处世，就会成为正直的人。

没有高尚品德的人只会为自己的个人利益算计，不会感到羞耻，所以一个人需要努力做到心怀坦荡、严于律己，知道什么是"善"方能知什么是"耻"，在此基础上，才可以做到言行如一。

其次，知耻必先自知。知耻需要发自内心，需要主动进行；知耻需要做好自己的权衡与选择；知耻需要认识、了解自己。看清楚自己，认识自己的优点和缺点，了解自己的责任与位置，这样才能知道"耻"的内容，勇于改正错误。

最后，知耻后必有行动。我们常说"知错要改"，知耻后也一定要有相应的行动，停留在心中的"知耻"是于事无补的。

3. 无私

儒家从天人合一的思想中总结出"无私"是道德中的重要组成部分。《道德经》用辩证法的思路指出："非以其无私邪，故能成其私。"意思是：只有你"无私"，才能获得"自私"；只要你"无私"了，"自私"自然不请自来。在中国人的心灵深处，"无私"历经千百年的发展，已经成为传统文化的一部分。

总之，中华优秀传统文化的本质包含民族精神，它协调、推动民族的生存和发展，是一个民族凝聚力、创造力的表现，也是一个民族生存发展的核心基础和灵魂。优秀传统文化与民族精神相互交融，密不可分。

中华民族的伟大复兴需要优秀传统文化的支持，优秀的传统文化可以传之久远，让我们民族更有底气和信心，可以提升我们的思维能力。

中华优秀传统文化在世界文化中独树一帜，它对整个世界文化的发展也产生了重大的影响。高校青年学生作为发展中华优秀传统文化的主力，必须相信优秀传统文化的力量，充满自信，以昂扬的斗志推进改革事业的发展。

第二节 中华优秀传统文化的影响力

国内外众多民族长久、共同发展出很多优秀的文化，和其他民族的文化一样，中华传统文化是属于全人类的财富，具有独特意义。

一、中华优秀传统文化的传播

中国历史文化博大精深，丰富的科学、文学、艺术、军事、政治等成果传播到国外，与国外交流的同时，从无序发展为有序。近代的落后不能全盘否定传统，中华优秀传统文化始终是世界优秀文化的一个组成部分。

新加坡借鉴了中华优秀传统文化，将其融入社会发展中，提升了总体文明程度。现代性是传统文化的一个因素，有积极意义。我们不能全部否定传统，而应该懂得扬弃，让文化在重新认知和磨合中焕发出新的光彩。

今天的世界东西方思想碰撞摩擦，在这种形势下，我们应该尊重文化的民族性。建设中国特色社会主义先进文化需要发扬"中国风格""中国气派""中国特色"。弘扬优秀传统文化也需要我们把继承与创新相结合，这样才能让优秀传统文化欣欣向荣，繁盛不息。

二、中华优秀传统文化对亚洲的影响

在整个中国古代，中华文化一直推动亚洲文明的演化与发展。比如朝鲜文化，它深受中国文化的影响。自古以来，中朝之间物质文化交流促进了思想的交融。在中国文化的影响下，朝鲜出现诸多儒学名人。

中国文化对日本文化的影响根深蒂固，从古代开始，中国的文学、艺术、美术、哲学等传入日本。但是日本史料对此记载较少，我们可以在中国史书中找到根据。

中国文化对日本文化的深远影响体现在以下几个方面：

首先，日本文字起源于中国。日本文字是由中国汉字经过发展而形成的，与汉字有很多相似之处。

其次，日本在体制等精神方面一直在仿效中国。日本一些编年史等体裁的书籍学习中国的史书，在君臣观念、正统观念等方面受到儒家传统的深刻影响。

最后，佛教作为中国文化的一部分被传入日本。日本受佛教的影响很深远，将中国文化、文学、工艺等带入日本，这些深受日本人民和广大佛教徒的尊敬。

三、中华优秀传统文化对东南亚国家的影响

在东南亚，很多国家的文化与中华优秀传统文化有着深厚的渊源。我国与越南、泰国、马来西亚、缅甸、柬埔寨、印尼、文莱等国家保持着友好的关系。越南和泰国的礼俗就是受到了中国传统文化的影响，菲律宾的饮食和新加坡的生活习惯等都或多或少有着中国文化的影子。儒家思想在其国民教育中扮演着重要角色。

我国古代航海事业的发展有利于我国和世界各国建立友好往来。唐宋时期，对外交流较多，东南沿海的人们向东南亚流动，对文化的传播起到一定辅助作用。

四、中华优秀传统文化对西方的影响

首先，古代器用技术对西方产生广泛影响。从公元6世纪开始，中国的四大发明传入欧洲，中国的瓷器、丝绸、养蚕等在推动西方文明发展方面起到了关键作用。可以说，中国古代科技在一定程度上开启了西方近代文明。

其次，中国园林艺术对西方产生了深刻影响。每一种艺术形式都包含了独特的结构特点，中国园林艺术具有很大的魅力和极高的欣赏价值，它代表着中国精神和气质。欧洲很多国家学习和借鉴中国园林艺术，这种艺术形式影响了他们的生活方式和情调。

再次，中国的文学作品在欧洲有一定的影响力。在欧洲很多国家的剧作家眼里，中国戏剧有劝善的作用，中国小说、诗歌、戏剧被翻译成英文和法文等，传播中国思想。

最后，中国学术思想对西方产生深远影响。西方人从16世纪开始翻译儒家经典，将儒家经典翻译为拉丁文和法文，传入欧洲。

欧洲著名思想家伏尔泰等深受中国哲学思想的影响。德国哲学思想受到中国哲学的深刻影响，德国哲学家莱布尼茨曾针对欧洲文明中心论，努力为中国文化辩护。法国重农主义经济学家认为，中国实现了道德理性化。康德和费尔巴哈的哲学思想与中国儒家人本主义在逻辑上是一致的。

然而，黑格尔否定了中国哲学和文化，这说明欧洲文化在启蒙运动之后踏上了近代历程，中国文化对西方的贡献渐渐被西方人忘记。

五、理性看待中华传统文化的世界影响

一方面，中华传统文化具有世界性意义。作为世界文明进步的一部分，中华传统文化为中国和世界各国的发展贡献了很多力量。中华传统文化包含儒学世界观中的人道主义思想、道教顺其自然的道德观等，这些理念蕴含着巨大的魅力与强大的力量。

当今社会，人们的生活越来越世俗和功利，物质文明和精神文明没有做到同步发展，因此精神追求缺失，人的精神世界空虚，人与人之间的关系冷漠、势力。经济建设飞速发展的今天，中国的文化建设明显处于落后状态，关注伦理和人心的优秀传统文化可以为现代人走出困惑和迷茫提供智慧启迪，指导人类文明发展。

另一方面，一个民族的文化是世界文化的一部分，当今世界进入高科技信息时代，各个国家、民族间联系日益密切，我们不能闭关自守，需要立足国家，放眼世界，开拓一条有中国特色的现代化道路。

世界文化这个整体和不同民族文化的分支之间是对立统一的关系，共同为人类文化发展涂抹绚丽的色彩。不同民族的文化具有不同的智慧与闪光点，中华文化也应该取长补短，提升文化性格，紧跟世界发展潮流，拓宽视野，走向世界舞台。

总之，以国为家、家国一体、先国后家，是中国传统文化的重要内容。学习中华优秀传统文化可以帮助青年培养"天下兴亡，匹夫有责"的情怀，对国家统一、民族团结、民族发展具有长远意义。在为实现"中国梦"努力奋斗的

道路上，每一位青年学生都需要以国家繁荣为最大光荣，增强对国家的认同意识，培养爱国热情，树立对本民族的信心，做自信、自尊、自强的中国人。

儒家以"仁"为思想核心，以"义"为价值准绳。"仁爱共济、立己达人"是儒家思想中非常重要的价值观念和道德追求。孔子认为，他人和自己不能分割，只有每个人把自己的事情做好，整个社会才可以好。当代大学生需要学习中国传统文化中"仁爱共济，立己达人"的道德思想，做一个讲文明、有素质的中国人。修养人格是儒家思想的重要组成部分，讲人格修养，首先要讲"正心"，就是修养自身的品性。"正心"的关键在一个"正"字。正就是端正，端正内心的同时坚持一心一意，在做人和求学的过程中坚持"笃志"，持之以恒、坚持不懈。"正心笃志"和"崇德弘毅"在今天指的是心理素质的陶冶和培养，这对年轻人来说很有意义。

当代青年学生要在明辨是非、遵纪守法、发愤图强的基础上自觉弘扬优秀传统文化，形成良好的道德品质，做守礼诚信的中国人。高校有责任把大学生培养成知书达理、讲理知仪、文质彬彬的接班人。

第三节 文化、传统文化和中华优秀传统文化的关系

一、文化、传统文化和中华优秀传统文化的不同

（一）时代性

社会在不同的时代具有不同的特点，它的产物——文化也具有时代性。

社会在发展进步，各种新文化形式不断出现，无论多么丰富，主流传统文化的地位不能动摇。传统文化必须与时俱进。生活中处处可见传统文化的痕迹。比如，民间故事、历史传记被拍成影视剧；综艺类节目结合中华优秀传统文化，用不同的形式呈现；学校开始重视国学经典的教育。从娱乐休闲到正规教育，从低龄学童到高素质人群，传统文化展现出时代性，渗透到社会的方方面面，让很多人体验和领悟到传统文化的精华。

中华优秀传统文化是中华民族的精神标识和特有的思维方式，它为中华民

族伟大复兴提供精神动力和智力支持。优秀传统文化集合了传统美德、人文精神等积极因素，作为高校教育管理工作者，我们需要正确对待传统文化的优缺点，努力实现优秀传统文化的创新型发展，为社会主义现代化建设和发展提供精神养料。中华传统文化具有包容性，随着社会的发展还需要具有世界性，从而具有当代性和现代性，这样才能最大限度地发挥中华传统文化的力量。优秀传统文化的传承需要适应时代发展，与现代社会相协调，在扬弃和创新中推动社会的发展，成为解决实际问题的文化，让民族精神发扬光大。

（二）民族性

一个民族的特质包括其独特的价值观念、思维方式、精神追求等，这些从文化中可以反映出来。文化的民族性展现出该民族的风格和气派，它让一个特定的民族与其他民族不同，表现出特有的文化心理和文化结构，具有超越时空、地域的意义。

文化的民族性在历史进程中沉淀、稳固，具有相对的稳定性，同时不断更新和发展。因此，在考察传统文化的过程中需要关注文化的连续性，肯定本民族文化的历史内涵，不能割断历史，不能用片面的眼光看文化。我们需要保持文化的民族性，传承传统文化的优良品德，解决好面临的问题，正确理解其价值。

中华传统文化的形式与内容在继承和发展中不断革新，但有一些基本价值观念是不变的，如爱国主义思想、自强不息的精神和兼容并包的胸襟等。中华民族精神孕育于中华传统文化之中，反映了民族特有的民族性，体现了民族的气派和风格。

在当今时代，各种文化和思想的碰撞对各个国家的文化和思想产生影响。我们应当维护中华传统文化的民族性，努力发展中华传统文化的民族性，合理运用中华传统文化资源。

（三）群众性

文化由人类创造，包括衣、食、住、行、文等。文化的群众性可以反映出群众的声音，为大众服务。

传统文化中既有精华，也有糟粕；既有群众性的优秀文化，也有脱离群众的糟粕部分。摒弃糟粕部分，传统文化中具有群众性的部分就是优秀传统文化。

中华传统文化本质上就是一种关于人的学问，深刻影响着中国社会。传统文化尊重人性，关注人和伦理道德，提倡严于律己，实现价值。

从秦朝以来，集权的封建专制制度历经两千多年，中国文化多元发展，各民族文化互添活力，增强了中华传统文化的凝聚力和生命力。中国人提倡"天人合一"，在人与人、人与事物、国家与民族的关系中追求"和"，在"和"中实现国家的进步以及个人的幸福。对"和谐"的追求，体现出优秀传统文化对"和而不同"的认可。这就是对人民意愿的尊重，就是群众性的体现。

（四）创造性

精神力量可以转换为物质力量，进而产生更大的影响，精神力量对个人的成长发展、对国家的繁荣进步起着举足轻重的作用。

中华优秀传统文化是中华传统文化的精华，在很长一段时间处于世界领先地位。诸子百家的典籍、唐宋文人的诗词等，都是人类创造的优秀文化成果。中华优秀传统文化属于中华传统文化中具有活力的部分，充满创造性，不断适应社会的发展，成为中华文化的瑰宝。

二、文化、传统文化和中华优秀传统文化的联系

（一）主体相似性

文化、传统文化、中华优秀传统文化之间最大的联系就是主体相似性。文化的核心是人。传统文化、中华优秀传统文化也这样。人创造文化，也享受文化，同时受制于文化。人始终是文化、传统文化、中华优秀传统文化的创造者、享受者、变革者。

（二）时代联系性

文化在经历时间的沉淀之后才被称为传统文化。不是全部的传统文化都值得传承和弘扬，"取其精华，去其糟粕"，才有了阐释中国道路与制度、凝聚中国力量的中华优秀传统文化。

（三）长久性

文化、传统文化、中华优秀传统文化对社会的影响都是长久的。相对于现在来说，传统文化是已经发生和存在的，是长久的。中华优秀传统文化是具有

中国特色的优秀理念、传统、人文情怀的集合，展现出中华民族独特的思维意识，它的影响更为深远。在当代，中华优秀传统文化是建立在坚持和发展中国特色社会主义理念之上的。

（四）创新性

从背诵古代诗词到学习孔子、孟子的观点，我们一直在学习中华传统文化。如今的大学生不仅学习和了解了本国的文化，还开始涉猎其他民族的文化。这时，我们已经不是通过肤色、外貌来理解一个民族，而是通过语言、文化进行辨认。

中华优秀传统文化是经历磨难和沉淀形成的，我们如果想实现超越和新的构建，必须遵循科学方法，反思当下，努力实现转型。优秀传统文化经过革命、建设、改革被传承和弘扬，如今，运用优秀传统文化治国理政，将其提升到新阶段。

第四节 如何传承中华优秀传统文化

如何传承中华优秀传统文化值得我们思考和研究。在正确看待文化融合与矛盾的基础上，我们需要客观评判生存困境，同时，我们需要从精神家园的建构角度科学对待和传承中国传统文化。

一、努力构建文化关系的新模式

处理好主流与多元、"一"与"多"的关系，有利于我们构建文化关系新模式。这是传承中华优秀传统文化的逻辑前提。

发展主流文化的同时不能忘记倡导多元文化共存的发展道路，科学处理"一"与"多"的辩证关系，坚持唯物辩证法的观点与原则，允许其他外来文化与之结合，共同发展，统一起来。与此同时，我们既反对文化专制，又反对文化自由，要增强主流文化的凝聚力和领导力。

中国文化发展的科学之路是构筑文化关系的新模式，在民主革命时期和社会主义政权巩固时期，人们需要斗争的理念。现在的"和谐"理念正是文化在改革开放中考虑中国国情的前提下所做出的理性选择。

传承中华传统文化首先需要合作互动,在不同文化的和谐统一中巩固社会主义文化的主导地位。在具体实践方面,中国文化需要包容差异,整合多样性文化,达到巩固社会主义文化主导性的目的。

在努力构建文化关系的新模式中,我们需要在全社会确立社会主义文化的先进性和主导性,从不同社会需要出发,做出文化宣传的层次性判断,不能太过理想化。

二、科学地对待各种社会思潮

社会发展必然带来文化领域的多元化,为了更好地传承和发展中国传统文化,我们需要遵循唯物主义历史观,丰富和更新文化内容,正确处理多元文化之间的关系,全面掌握文化基础,科学合理地看待各种社会思潮。

在复杂的文化领域,我们必须以马克思主义为引领,发挥其在社会中的思想整合功能,根据社会实践的变化及时调整,保持社会主义文化的先进性,改变阶级斗争的思维,关注人的价值,反对"左"和"右"的错误。

一般意义上,笔者认为社会思潮反映了一定阶级利益,具有一定影响力,有比较系统的体系。我们需要保持文化自觉性,客观对待多元社会,科学地处理好复杂的文化问题,正确看待社会思潮。

一些社会思潮具有反马克思主义的特点,试图瓦解社会主义文化形态,争夺领导话语权,影响文化发展方向。因此,我们需要认清各种社会思潮的本质,理性看待它们,提高侦察能力,正确辨别不同社会思潮的本质差异。

多样性的社会思潮反映了学术性与政治性关系的统一。

理论一旦被掌握,能够变成物质力量,社会思潮通过理论优越性和学术求真性获得人们的认同,确立地位。人们必须用科学理论武装自己,看清楚文化现状,巩固马克思主义文化主导地位。

三、辩证对待中国文化传统

中国文化传统具有丰富的思想精华,指导我国文化的发展。传承与创新之间的辩证关系需要在发展和弘扬中国文化的过程中处理好。

在中国文化的传承和发展之中，我们不能全盘否定，也不能认为中国文化传统很完美，没有任何不足，要辩证看待问题，客观面对现状，不带有偏见。

对中华传统文化需要批判地传承，因为它本身就是一个庞杂的体系，正面与负面因素同在，所以需要在正确的方向指导下，运用科学方法，推动文化发展。

四、积极弘扬民族精神与时代精神

优秀的民族精神可以增加人们的归属感和自豪感。中国文化的价值观念和精神为我们民族提供了独特的精神气质，是安身立命之本。

我们需要发扬中华传统文化中的优秀思想，构建中华民族共有的精神家园，让中华传统文化成为民族性格，融入民族血脉，与此同时，创新传统文化。弘扬传统文化与创新不冲突，传承传统的同时，不忘吸收新的内容，保持文化的与时俱进。

第一，要取其精华，去其糟粕。

中华传统文化当中有许多封建文化的糟粕。这一点也不奇怪。因为，中华传统文化在很长的时期是在封建社会的母体内发展、演变的。自古以来，中国的封建统治者为了维护其统治，把中华传统文化作为救命稻草，对中华传统文化进行改造加工，对老百姓实行文化愚昧和文化统治，使得中华传统文化，尤其是作为其核心的儒家文化里面有许多理论是为封建统治服务的，需要我们认真地进行识别。

第二，要以立德树人为根本目标，用文化来育人。

中华传统文化关注立德树人。总的来说，不同于近代西方关注知识和专业技能的教育，中华传统文化一向以"立德树人"为宗旨。今天，我们需要抓住教育的关键问题与急需解决的矛盾，将德育、育人与文化学习相结合，把学生发展与德育相结合，让学生深刻体会到我国传统文化的内涵，同时解决他们发展中遇到的具体困难。

第三，要寓教于乐，在体验中学习。

文化教育应该让学生在体验中学习，寓教于乐。文化不是一个独立存在的事物，各种知识中都涵盖文化的方方面面。

在教育过程中,教师要通过切实体验,表现出积极的文化精神。学习中华传统文化不仅依靠课堂讲授,而且需要在社会实践中进行。

第四,要立志传承、创新中华优秀传统文化。

学习的目的是传承,传承的目的是发展和创新。传承与创新密不可分,我们在前面也提到,传承中有创新,创新中不忘传承。

第三章 中华优秀传统文化的深度解析

文化自信是一个国家、一个民族发展中更基本、更深沉、更持久的力量。因自觉而本自信，因自省而显自信，因自强而更自信，是中华优秀传统文化自信的三个根源。它从历史的纵深、现实的比较和未来的趋向这三个维度揭示了中华优秀传统文化自信的底气。

因自觉而本自信。这是在客观认识和辩证观照中华优秀传统文化"从何来"的禀赋与特质基础上的本然自信。自觉的根本目的是为中华优秀传统文化自信奠定坚实的理性根基，而不仅仅是基于温情的敬意。中华民族创造了光辉灿烂的中华文化，中华优秀传统文化所蕴含的思想理念、美德境界和人文精神滋养着生生不息的中华民族。中华民族尽管饱经磨难，但是文脉未曾中断。

因自省而显自信。这是在经由与他者文化交流互鉴而反观自身文化的基础上，更加合理地辨析自身文化在世界文化中"居何处"而确立的当然自信。自省的根本追求是在开放社会背景下为中华优秀传统文化自信夯实平和的对话姿态。中华优秀传统文化与世界其他传统文化，已经共同为世界人民提供了精神家园，为化解世界性困局贡献了思想智慧，为解决当代人类难题提供了重要启示。

因自强而更自信。这是在深刻认识自我文化和批判互鉴他者文化的基础上，更加科学地前瞻自身文化"往何去"的理想追求而确立的应然自信。自强的根本指向是，在自觉和自省的基础上，明晰中华优秀传统文化未来的前进趋向。这就需要对中华优秀传统文化"要有鉴别地对待，有扬弃地继承""在继承中发展，在发展中继承"，使中华优秀传统文化"与当代文化相适应、与现代社会相协调"，实现中华优秀传统文化的创造性转化和创新性发展。

正因为中华优秀传统文化自信的基础是文化自觉，参照是文化自省，目标是文化自强，所以，自残自虐、自大自负和自暴自弃的文化态度，都是对中华优秀传统文化自信的重伤。

第一节　中华优秀传统文化的表现形式和丰富内涵

传统文化是反映民族文明演化而形成的具有特定民族特征、性质和风貌的总体表征，亦可视为反映该民族物质资源、思想观念以及风俗制度的文化实体和文化意识。中华优秀传统文化即是指中华民族在数千年历史之中逐渐演变和发展而成的具有民族自身文明烙印的文化样态。正所谓"泱泱中华历史，皇皇民族文化"。中华优秀传统文化乃是中华民族的精神之根和文明之魂。党的十九大着重指出：深入挖掘中华优秀传统文化蕴含的思想观念、人文精神、道德规范，结合时代要求继承创新，让中华文化展现出永久魅力和时代光彩。对待中华优秀传统文化，我们不但要存续和继承其形式多样的宝贵物质资源和丰富繁多的文化表现形式，更要深入思考和审视中华优秀传统文化实质与内涵的"精气神"。因此，只有充分理解和分析中华优秀传统文化外在表现形式与内在核心意蕴，才能对中华文明的传承、发展与传播起到积极作用，才能为实现中华民族伟大复兴的中国梦提供文化支撑与精神滋养，才能充分彰显中华优秀传统文化的真正旨归及其当代价值的应有之义。

一、中华优秀传统文化的表现形式

一般而言，对中华优秀传统文化的理解大多是一个笼统性的概念。为此，我们有必要从学术视角对中华优秀传统文化的表现形式进行文化结构的分层和细化，意在从中华传统文化的外在表现形式及其诸多文化样态中汲取和凝练出具有民族特色的文化心理、思维方式和价值理念。所谓文化结构，是各种观念形态、宗教信仰、文学艺术等具有明确规范的系统化的社会意识及其联结方式。中华传统文化的层次结构通过彼此的历史关系和思想体系形成缔连，不同文化要素或文化丛之间存在的秩序关系形成了文化结构的存在形式。这种形式由表层向里，由外向内深入递进，即表现为由工艺器物、书法绘画向语言文字、文学艺术直至风俗制度、思想精神的层层深入。具体而言，中华优秀传统文化的外在表现形式大体可以分为四种类型。

第一，器物型文化形式。在中华优秀传统文化的诸多表现形式中，最为直观且最具有吸引力的乃是器物型文化,它是中华民族物质文化资源的集中体现。器物型文化不但映射出华夏五千年历史与人伦的沧桑巨变,亦将中华民族的文化精髓与文化魅力具象于此。器物型文化中诸如四大发明、陶器瓷器、文房四宝、古代乐器,以及古典建筑等卓越和精粹的工艺技术无不展现出中华民族的智慧力量;京剧脸谱、书法绘画、丝绸刺绣等多样和丰富的艺术形式又展现出中华民族的审美情趣;婚丧冠礼、传统节日所引申出的服饰搭配、礼仪规范、饮食特色等亦反映出中华民族世代沿袭的风土人情和风尚习俗。由此可见,器物型文化代表了中华优秀传统文化的特征与品质,也成为了解中华优秀传统文化的先决条件。考查特定历史时期的人们利用自然、改造自然所创造和掌握的工具装备、技术水平,不但能从客观层面反映出中国古代生产力发展水平,也能反映出中国古代劳动人民的整体技术和技艺能力。器物型文化堪称存储中华优秀传统文化信息的"鲜活化石",它承载了中华民族厚重的历史记忆以及劳动人民的集体智慧与能力。总之,器物型文化是中国人日常生活赖以生存的前提与基础,亦是中华民族和中华文明得以存续和传承的重要保障。

第二,风俗型文化形式。所谓"风俗"或"民俗",抑或称其为"民间文化",即是指特定民族或社会群体在一定区域内生产、生活中共同遵守的行为模式或规范准则。事实上,风俗是较为稳定的文化样态,它是在漫长的文化发展过程中逐渐积累和沉淀而成的。与此同时,风俗亦表现为差异性和多样性,因为特定的环境、地域和社会等因素导致了人群行为动机的差异和多样,故具有鲜明的族群特色和地域风情。换言之,由自然和地域条件导致的行为差异大多称为"风",由特定历史和社会文化差异造成的行为方式之不同乃为"俗"。我们说,风俗型文化是以文化传统为先决条件的,它具有历史传统和社会传统相一致的特征。那么,就中华优秀传统文化而言,它亦是由自然和地域、历史和社会等因素共同生成的文化现象或文化传统。譬如,"冠婚丧祭"就是风俗型文化中较为典型的文化传统。一方面,它记录了中国传统社会日常生活中关于礼仪规范的点滴细节,并经历朝历代相沿成习;另一方面,它通过仪式或习俗等方式,把伦理秩序和道德观念灌输于人,从而产生教育效果来影响行为方式和人格塑造。

费孝通先生称中国传统社会为"乡土中国",它的社会特征是"有机的团结",即"一种并没有具体目的,只是因为在一起生长而发生的社会",也可称之为"礼俗社会"。在这样的社会中,每个人眼中都是"熟人"构成的"熟悉"环境。处于熟人社会交往模式中的群体大多对契约不够重视,他们往往更倾向于对人情、规矩和风俗可靠性的依赖。或者说,生活在基层的民众是通过自愿和共同认定的俗约、公约来缔结生产、生活方式。正所谓"观风俗,知得失"(《汉书·艺文志》),从社会管理和教化的角度来说,改善社会风俗对基层民众协调人际关系、营造安定和谐的社会氛围起到了积极的作用。可见,风俗型文化从一定程度上可以约束和制约社会成员言行举止,具备了一定的道德管理和道德教育的功能和效用。

第三,制度型文化形式。在文化结构之中,制度型文化大多介于风俗型文化和文体知识型文化之间。总体而言,制度型文化指的是特定民族或人群广泛确立的各种社会规范体系,它既包括国家层面的法律制度等规范体系,也涵盖不同社会群体共同遵守的规章条例等。就中华传统文化而言,制度型文化是"诸子百家思想在政治社会层面汇集与融合的产物,是儒家、道家、法家等主要思想流派融合的结晶"。进一步分析,我们也可以对其进行"广义"与"狭义"的界定。其"广义"所指的是:中国传统社会为维护统治阶级管理秩序所形成的一系列包括意识形态、思想信仰、核心价值观念,以及在经济、政治、社会和文化层面制定和颁布的模式化、程序化的制度体系。其"狭义"所指的是:具体或某一特定领域所奉行和实施的象征符号、伦理准则和礼仪规范等,以此来确保社会群体交往沟通方式的有序运行。

制度型文化建构了中华传统文化系统的基本脉络和运行准则。这是因为,其一,制度型文化代表了中华传统文化的属性与特征。具体来说,在中国传统社会,宗法制度孕育了伦理型文化,政治制度产生了政治型文化,而宗法与政治制度相结合,不但产生了"家国同构"这一封建社会最为特殊的社会结构,同时亦形成了"父权、君权"这种独特的伦理政治型文化。具体来说,从政治文化来讲,是强调由父权和君权架构的等级制度严格的"权力金字塔"。在家庭层面即是以"家长制"或"族长制"为首的管理机制,而在国家层面则是"家长制"的扩张版,即以"君权制"为首的国家统治机制。从伦理文化来讲,维系"父父—子子"的伦理秩序,是强调"君君—臣臣"的政治秩序,包括以儒家文化为首的中华传统文化的内在运作逻辑与发展脉络都是伦理与政治文化相互运作而体现出来的。其二,制度型文化体现了中华传统文化的价值观念和道德标准。中国传统核心价值观可以概括为"五常"（仁、义、礼、智、信），其规范原则是"修、齐、治、平"。从本质上讲，制度型文化与传统核心价值观是不谋而合的。制度型文化的外延可以聚焦于个人品性修养与行为规范，也可以扩展到整个社会的交往原则。抑或说，小至家庭琐事、市井生活，大到国家治理、运筹帷幄，无所不及。一言以蔽之，制度型文化是以伦理道德为核心内容，并遵循生产关系和宗法血缘关系缔结而成的——"本质上是一种人伦关系，是建立在伦理的基础上通过人们的情感信念来处理关系"的规范体系。尚需说明的是，虽然制度型文化有其特定的历史局限，但从中华传统文化的价值属性和普遍意义考虑，对制度型文化亦应做一番辩证的认知与对待。

第四，文本知识型文化形式。文本知识型文化主要体现在以文本为载体的四书五经、诗词歌赋、经史名著等古书典籍之中。文本知识型文化记录了古代经济、政治、科技、文学和艺术等诸多知识体系，是古人认识世界与改造世界的经验性总结，亦是中华民族思维模式的具体表现。可以说，文本知识型文化贮存的知识量与信息量在很大程度上保存和维系了中华民族知识体系和精神内核的连贯性和稳定性，使中华优秀传统文化在历史沧桑巨变之中依然持有亘古不变的价值与魅力。

毋庸置疑，对大多数中国人来说，我们对中华优秀传统文化的学习与研究都以知识型文化为依托，进而形成对本民族的知识建构、道德标准与价值观念，以及民族文化内涵的认知与感悟。简而言之，文本知识型文化的主要内涵可以大体概括为三个方面：其一，在文化内容方面包括了老子、孔子、墨子等"诸子百家"以及两汉经学、魏晋玄学、隋唐儒释道、宋明理学等众多学说。这些思想具有鲜明的民族文化特征，在当今时代仍具有理论价值与现实意义。其二，在价值观方面指的是"仁、义、礼、智、信"五位一体的价值理念，是中国传统核心价值观的集中体现，它代表着中国古代社会重要的道德原则。传统核心价值观的深刻意蕴，具有广泛的道德影响力和文化辐射力，引导着中国古代社会的价值取向和教化方向。它在锤炼民族精神、塑造民族性格的过程中发挥着十分重要的作用。其三，在文化特质方面强调"文以载道"的理性思辨精神，即可以理解为"天、地、人"皆由"道"（最高原则）来统摄。正如老子所言："人法地，地法天，天法道，道法自然。"（《老子·二十五》）意即通过对自然之解读的"天道"来推导人伦社会之"人道"，这种别具一格的"天人合一"的教化范式,将个人、国家、天下乃至宇宙都紧密地联系在一起,并且纳入到人伦纲常之中,进而达成了"人伦效法自然"抑或"自然被人伦化"的大一统。总而言之,文本知识型文化呈现的是中华传统文化较为深层的核心部分,也是将器物型文化、风俗型文化和制度型文化统一为中华优秀传统文化的最终奥义。古语有云:"形而上者谓之道,形而下者谓之器。"(《周易·系辞》)中华优秀传统文化正是由"器物"之技艺延伸出人伦之道,直至"众妙皆道"的文化理性。因此,我们须以史为鉴,将中华优秀传统文化的核心精髓和思想内涵由表及里、由外向内地"一以贯之"。唯其如此,方能将中华优秀传统文化的时代精神与永恒魅力发扬光大。

二、中华优秀传统文化的丰富内涵

中华优秀传统文化的独特吸引力还在于它所蕴含的丰富思想内涵、文化底蕴、民族精神、家国情怀、信仰追求和价值理念等诸多方面,以及它们相互影响和彼此整合而生成的内在逻辑体系。中华优秀传统文化的丰富内涵不但映射出中华民族固有的民族品质和民族精神,同时亦凝聚着中华民族被广泛接受与普遍认同的民族情感与家国情怀。可以说,中华优秀传统文化的丰富内涵业已融入中国人的血肉与骨髓之中,不仅成为华夏子孙共同肩负的义务与责任,更是中华民族伟大复兴不容割裂和忽视的精神命脉。

(一)中华优秀传统文化的民族精神与家国情怀

从本质上而言,中华优秀传统文化的精神内核即是中华民族的民族之魂、民族气魄和民族精神之所在,即是指以爱国主义为核心的民族精神与以改革创新为核心的时代精神,二者亦是"兴国之魂"与"强国之魂"。中华民族的民族精神凝聚了中国人几千年来的理性思辨和生存智慧,是中华儿女团结一心的精神纽带与独具一格的精神标识。更进一步讲,中华民族的民族精神又不同于西方社会所倡导的"自由、民主、平等"的价值取向,它指的是以爱国主义精神为核心,同时表现为团结统一、爱好和平、勤劳勇敢、自强不息的人生态度和理想信仰。具体而言,崇尚和弘扬爱国主义精神一向是中华民族的优良传统。例如,它是"先天下之忧而忧,后天下之乐而乐"(范仲淹《岳阳楼记》)的家国情怀,或是"保天下者,匹夫之贱与有责焉耳矣"(顾炎武《日知录·正始》)

的责任担当，或是"苟利国家生死以，岂因祸福避趋之"（林则徐《赴戍登程口占示家人二首》）的豪言壮志，抑或是"粉身碎骨全不怕，要留清白在人间"（于谦《石灰吟》）的高洁情操，等等。以上都是中华民族的仁人志士在不同时代背景下所彰显出的爱国情怀。由此可见，爱国主义精神不仅体现出对中华民族的深深眷恋，更是身为炎黄子孙对国家和民族的认同感、尊严感和荣誉感的情感表达。

再者来说，民族精神与民族气节也为"家国天下"的道德格局与情怀奠定了坚实的精神之基，这亦使得中国人对民族和国家的高度责任感和义务感油然而生。在汉语中，"国家"一词本身就是"家国情怀"的最好证明。正如冯友兰先生所言："有了以家为本位的生产制度，即有以家为本位的社会制度。以此等制度为中心之文化，我们名之曰生产社会的文化。"并且，"在以家为本位的社会制度中，所有一切的社会组织，均以家为中心。所有一切人与人的关系，都须套在家的关系中"。因此，从个人角度来说，对于家庭的感情也就表现为对国家的情感。对个人道德的至高要求也必然要升华为对国家的忠诚，即"上思报国之恩，下思积家之福"（袁了凡《了凡四训》）。可以说，在传统道德要求范围内，对于家和国的期许亦是一致的。吕坤说道："忠孝以辅国，尔父之训也。"（《闺范》）若以理性角度思索，孝忠于"家国"，既是"父权"的需要，也是"君权"的需要。而若以情感角度思考，则体现了古人克己奉公、精忠爱国等高尚情操。毋庸讳言，以"家国天下"的道德格局为表征的家国情怀弘扬了"大爱"的价值追求，亦是中华文明一脉相承的文化根基。李泽厚先生曾用"情本体"表达中华传统文化的特点，即是说不论是君臣之间的忠恕之道、百姓之间的兼爱有信，还是家族成员间的夫妻之情、兄弟之义，归根结底都是对于"大爱"价值观念的信仰与认同。故中国人的家国情怀是超越个体的、超越种族的人文精神关怀。这种情感不仅强调个体成员对于家、国、天下的爱，同时也强调了个体与家、国、天下间相互依存的关系。它将具有"国家"的权力体与"天下"的价值体相结合，从而完成了由"知"到"信"的超越。同时，将修身、齐家与治国、平天下的理想信念贯穿于教育始终，其根本主旨仍是强调"一国兴让，济世经邦"的家国理想。总之，"苟利国家，不求富贵"（《礼记·儒行》）。民族精神、民族之魂与民族气魄毋庸置疑是中华优秀传统文化赋予中华儿女的民族气质。

（二）中华优秀传统文化的思想内涵与文化底蕴

在挖掘和阐释"历久而弥新"的中华优秀传统文化思想内核和理论精华的过程中，我们既要"讲清楚中华优秀传统文化的历史渊源、发展脉络、基本走向"，这是了解中华优秀传统文化思想精华的前提和基础；又要"讲清楚中华文化的独特创造、价值理念、鲜明特色"，这是彰显中华优秀传统文化当代价值和意义的关键所在。

充分挖掘中华优秀传统文化的思想底蕴，目的在于夯实中国特色社会文化的根基。事实上，中华优秀传统文化在历史发展的过程中始终保持着文化的完整性和延续性。一方面，承袭先辈贤圣的思想，丰富与完善自身体系；另一方面，为应对不断更迭的历史境遇，传统文化亦不断融入新的思想内容，与日俱新。这种文化发展形式和演变逻辑反映出中华民族特有的文化特点和文化精神，同时亦折射出基于不同历史时期、不同社会背景而形成的共同遵守和信奉的道德理念和精神品质。可以说，只有民族的共同文化记忆，方可构建一个民族共同的文化心理，进而形成一个民族独有的精神气质。正如梁启超所言："凡一国之能立于世界，必有其国民独具之特质。上自道德法律，下至风俗习惯、文学美术，皆有一种独立之精神。祖父传之，子孙继之，然后群乃结，国乃成。"可见，稳定的文化样态是民族繁衍不息的精神支撑，亦是民族全体成员共同的心理归宿。

那么，中华优秀传统文化中尚需深度挖掘和详尽阐释的丰富内涵有哪些呢？关于道法自然、天人合一的思想，关于天下为公、大同世界的思想，关于自强不息、厚德载物的思想，关于以民为本、安民富民乐民的思想，关于为政以德、政者正也的思想，关于经世致用、知行合一的思想，关于以诚待人、讲信修睦的思想，关于求同存异、和而不同的思想，等等。此外，笔者认为，中华优秀传统文化的丰富内涵还应包括儒家的和谐理念、墨家的兼爱非攻思想、道家无为而治的政治主张，以及从"天人合一"的哲学思想到"尚义任侠"的朴素平民文化，从"和合中庸"的思想智慧到"仁义礼智信"的人伦修为，等等。总而言之，绵延数千年的中华文化，既不应是尘封已久的历史典藏，也不应是孤芳自赏的温室唐花。中华优秀传统文化所蕴含的丰富哲学思想、人文精神、教化思想、价值理念等诸多内容可以为今人认识和改造世界提供有益启迪。它将民族性与时代性兼收并蓄、有机结合，从而为构建中国特色社会主义文化奠定了深厚的文化基础和有力的文化支撑。

（三）中华优秀传统文化的价值目标与价值理念

价值观念的实质是对事物价值性的把握，价值观念的对象是事物对人的意义和价值，价值观念的认知方式是理解和认同。从这个意义上讲，价值观是属人范畴，需在社会的现实境域下才能得以显现。价值观亦属于文化范畴，文化为价值认知、价值选择、价值认同和价值评价等构成要素提供了内在的本质属性。中华优秀传统文化的价值就在于能够将个体价值与社会价值统一起来，将民族文化和世界文化联系起来，进而展示出中华优秀传统文化的现实意义和当代价值的真谛之所在。

首先，从对个人价值层面而言，把中华优秀传统文化融入个体的品性修养之中，实现人的自由而全面的发展。马克思和恩格斯在《共产党宣言》中曾指出，每个人的自由发展是一切人自由发展的条件，将人的发展置于社会现实之中，规定了对人的本质理解的价值取向。与此相应，中华优秀传统文化中的"修齐治平"亦将个体置于家、国和"天下"之中，从而试图凸显人的价值属性。"中国传统文化博大精深，学习和掌握其中的各种思想精华，对树立正确的世界观、人生观、价值观很有益处……学史可以看成败、鉴得失、知兴替；学诗可以情飞扬、志高昂、人灵秀；学伦理可以知廉耻、懂荣辱、辨是非。"中华传统文化中的优秀德育思想对个体的影响在于强调德育的方式方法和德育效果。这不但要发挥和依靠文化的熏陶、教化和激励等作用，还要发挥文化的凝聚、润滑和整合作用。文化总是在潜移默化中影响着人们的人生观、价值观和世界观，并能够取得较好的德育实效，使得"百姓日用而不知"（《周易·系辞》），进而引领社会群体实现共同的价值目标。可以说，强调主体"人"的价值，发挥人的作用是价值观现实运作的基本条件，也是价值观所要实现的目标，这也正是"以文化人""以文育人"的具体体现。

其次，从对社会价值层面而言，将中华传统文化的社会价值与社会主义核心价值观相结合，形成符合社会发展的时代主题和时代精神。毫无疑问，核心价值观是一个社会主流意识形态的集中体现，反映了社会成员普遍认同的思想观念、价值理念和道德规范的"最大公约数"。也就是说，一个民族价值观念的选择、价值目标的实现关乎本民族对待文化的立场和态度。所以，深入挖掘和阐释中华优秀传统文化的丰富内涵并赋予其新的时代使命，能够为培育和弘扬社会主义核心价值观发挥重要作用。以中华优秀传统文化涵养社会主义核心价值观，就是将其中的文化精髓进一步凝练与升华，并为社会主义核心价值观提供丰厚的文化基础和理论滋养。从这一意义上讲，中华优秀传统文化对于弘扬和践行社会主义核心价值观能够起到凝魂聚气、强基固本的功效与作用。

最后，从对世界价值层面而言，将中华传统文化的世界价值传播出去，在与世界的交流、互鉴中推进人类文明的进步。中华文明自古以来就不是故步自封、自我封闭的文明体系，辉煌灿烂的华夏文明在人类文明史上留有浓墨重彩的一笔。中华优秀传统文化的世界价值与世界文明相融通，并具有普遍性的文化特质与文化精神。可以这样理解，中华优秀传统文化是中华民族最深厚的文化软实力，也是中国发展与建设必须扎根于此的文化沃土。这既是对中华优秀传统文化的自信，也是对中国特色社会主义道路和制度的自信。正所谓"物之不齐，物之情也"（《孟子·滕文公上》），在经济全球化与文化多元化的双重背景下，中华文明如欲发挥其独特的文化魅力，就应该发掘自身的内在潜质，并在与他国文化的交流互鉴中认清本国文化的优势和局限，才能获取他国文化的尊重、包容、理解和认同。

三、中华优秀传统文化的传承、转化、创新与发展

新时代中国特色社会主义是中华民族历史上新的里程碑，这也对中华优秀传统文化提出了新要求、新目标。我们理应整理和阐释中华优秀传统文化的表现形式，审视和分析其中所蕴含的思想内涵和文化底蕴，并以此彰显中华优秀传统文化的继承性、民族性与时代性。正所谓"富有之谓大业，日新之谓盛德"（《周易·系辞》），中华优秀传统文化的传承、转化、创新与发展，还要充分理解和把握中华优秀传统文化形式与内涵"表里如一""相互涵摄"的问题，以及完成中华优秀传统文化当代价值的创造性转换与创新性发展的问题。唯其如此，才能在推进中国优秀传统文化时推陈出新，与时俱进。

（一）形成凝聚力：坚持以马克思主义作为传承中华优秀传统文化的指导思想

党的十九大报告明确指出：发展中国特色社会主义文化，就是以马克思主义为指导，坚守中华文化立场，立足当代中国现实，结合当今时代条件，发展面向现代化、面向世界、面向未来的，民族的科学的大众的社会主义文

化。这清楚地说明，要以马克思主义作为传承与弘扬中华优秀传统文化的指导思想。

马克思曾指出："正确的理论必须结合具体情况并根据现存条件加以阐明和发挥。"毛泽东提出将马克思主义与中国具体实际相结合这一论断，这其中理应将中华优秀传统文化包含在内，即是说中华优秀传统文化乃是马克思主义中国化这一命题的应有之义，从而形成具有中国特色的马克思主义传统文化观。更为准确地讲，马克思主义和中华传统文化之间亦具有传承与发展的内在逻辑关系。一方面，中国共产党人是马克思主义者，坚持马克思主义的科学学说；另一方面，中国共产党人始终是中国优秀传统文化的忠实继承者和弘扬者。因此，寻求中华传统文化与马克思主义的契合点，要以时代高度科学地审视中华传统文化，要以历史维度辩证地进行中华传统文化的转化与发展。换言之，只有坚持以马克思主义为指导，牢固树立马克思主义在意识形态领域中的地位，才能牢牢把握住中华传统文化的精神命脉，才能正确指明中华优秀传统文化的发展方向。

再者而言，中华优秀传统文化在新时代的传承与发展中，还要讲清楚中华传统文化与中国特色社会主义文化之间的关系。中华优秀传统文化厚重的文化底蕴与深刻内涵不但奠定了中国特色社会主义文化最为广泛的现实基础，同时为社会主义文化的大发展大繁荣支撑起坚实的精神脊梁。中华优秀传统文化其自身具有相对包容性、独特性和稳定性等特点，在中华文明纷繁复杂的历史巨变中演绎着"文化基因"彼此整合、衍生和演化的内在运作形式，进而集萃和凝练成为代表中华民族积极进取、崇善向德的"精神基因"。这种精神又促使中华民族形成"文化自觉"的认知状态，即表现为自觉地继承和运用民族文化的精髓，并能充分融入先进文化，服务于先进文化，成为中国特色社会主义文化的优势。此外，更值得一提的是，中华优秀传统文化与马克思主义、社会主义文化的现实对接，还要以科学的态度正确地对待中华传统文化，要树立科学的传统文化价值观，即要"坚持马克思主义的方法，采取马克思主义的态度，坚持古为今用、推陈出新，有鉴别地加以对待，有扬弃地予以继承，取其精华、去其糟粕"。意即说，对待中华传统文化，要以理性的审视，以科学方法和正确态度来体会和领悟它的当代意蕴，这是中华传统文化转型与发展的必经之路。总而言之，"明镜所以照形，古事所以知今"（《资治通鉴》），明确中华优秀传统文化的传承、转化、创新与发展的定位与方向，并有效地掌握和运用其现在解读的方式和路径，方可达到运用于今日之目的。以此切题才能更为准确地把握中华优秀传统文化与马克思主义、中国特色社会主义文化之间的关系，从而为中国特色社会主义文化建设保驾护航。

（二）激活生命力：推动中华优秀传统文化表现形式的创新性发展

推动中华优秀传统文化表现形式的创新性发展，即要按照社会主义新时代的文化要求对它的表现形式加以补充、拓展、完善和提升，使其能够与当代社会主义文化相通融，并且能够兼收并蓄地汲取一切世界优秀文明成果，做到包容并进、择善而从，进而激活中华优秀传统文化的生命力。

对待器物型文化形式，就是要创新文化保护理念，实现文化样态的活性继承。中国现代历史文物的保护理念肇始于20世纪20年代。改革开放以后，梁思成同志提出过"整旧如旧"的文化保护思路，他强调对历史文物、建筑物开展复古与复原工作。如今，我们更要加强文物保护利用和文化遗产保护传承的工作。具体来说，对于"世代传承"的器物型文化遗产，在尽可能地修缮与保存的条件下，达到"还其原貌""留其本真"的效果和目的。在此基础上，还要提倡文化遗产的保护形式能够与时代接轨。譬如，对待传统工技艺术、书画曲艺、建筑群体等，可以在采用保护措施基础上，适时、适当地与经济效益、社会效益相结合，展现其当代价值，实现其活性继承。可以说，激活器物型文化的生命力是一项系统且复杂的社会工程，需要以科学的保护理念来实现其创新转化与发展。此外，实现器物型文化的"活性继承"也并不仅仅是"旧瓶新酒"，而是要最终实现文化遗产的历史价值与当代价值的传承与统一。

对待文本知识型文化，要审视其文本性价值，重视对其解读性的认知。中华优秀传统文化不应是被封存于图书馆中的泛黄文献，而应是呈现在今人视野中生动且鲜活的教育读本。长期以来，传统文化作为封建时期的产物，人们对它持有偏见态度。然而，马克思曾指出，批判的武器不能代替武器的批判，即强调"批判"乃是人类社会发展的内源性动力。因此，以批判之视角审视传统文化的知识体系，其实质是对中华传统文化的扬弃和发展。超越文本性理解的关键是不囿于文本式的单纯解读，而是以现今的时代精神和文化品格为支撑来进行解释与追问。文本知识虽是客观且不可变更的，但对文本知识的掌握和运用却能转化为新的文化理念和价值内涵,这才体现了对知识型文化的进一步创新与升华。可见,对中华优秀传统文化更加深入地了解与认知,不但能拉近古人与今人的心灵之距,更能平添对民族文化传统和民族精神的亲近感和自豪感。毋庸置疑,知识型文化夯实了国家与民族的理性地基,亦建构起了国家与民族的精神脊梁。

对待风俗型文化以及更深层次的制度型文化,要兼顾其历史性与现实性的统一。风俗型和制度型文化的历史性表现为在农耕经济、血缘政治、宗法制度以及儒家文化的共同作用下形成的生活样态、规范准则。风俗型和制度型文化的现代性则是指在当代社会和民间生活中依然能被保留、实践的文化形式。正如张岱年先生多次强调,中华文化既有不同历史发展阶段之"变",又有其连续性与继承性之"常"。风俗型文化作为一种文化传统可以将传统文化元素一并"打包"继承,在"变"与"常"之间追求一种沿袭风俗习惯的文化平衡,以此来体现风俗型文化创新发展的鲜活生命力;而制度型文化则更倾向于传统社会的政治体系。亚里士多德曾说:"人是天生的政治动物。"其揭示了人对权力运用与追求的政治属性。在中国传统社会,伦理道德与政治体制是相互涵摄的,制度型文化对于维系旧的封建权力体系在当代显然不具备合法性,亦没有继承和发展的价值。但秉承创新性发展之原则,国之运作仍是为追求和实现独立自主、富强统一的"大一统"的政治格局和国家理想。因此,制度型文化的合理成分亦可在"大破与大立"之后"一以贯之"地传承下来。

总而言之,创新和发展是互为一体的两种实践途径,在发展中创新,在创新中发展。推动中华优秀传统文化表现形式的创新性发展,就是要让传统技艺的工匠精神绽放时代光彩,让传统思想精髓熔铸民族自信,让传统习俗和中国故事传承文化精神。中华优秀传统文化资源的外在表现形式在当今时代仍具有鲜活和强大的生命力,实现中华传统文化表现形式的传承、创新与发展,为中华文明世代相传提供了源源不竭的持久动力。

(三)增强感召力:促进中华优秀传统文化丰富内涵的创造性转换

促进中华优秀传统文化丰富内涵的创造性转化,即是对中华优秀传统文化中具有借鉴价值的思想内涵与核心精神加以改造,推陈出新,并结合新时期社会现实之需,使之转化为与中国特色社会主义文化以及核心价值观相适应的现代文化样态。正如习近平所讲："中华文明延续着我们国家和民族的精神血脉，既需要薪火相传、代代守护，也需要与时俱进、推陈出新。"中华优秀传统文化创造性转换的实质与关键在于"通古今之变"，只有"返本"于中华传统文化的丰富内涵与核心精髓，打通中华传统文化的精神命脉，才能"开辟"出中华传统文化的新纪元。

首先，要深入挖掘中华民族的民族精神与家国情怀的当代意蕴及其独特优势。如果说民族精神是树立中华民族自尊心和自豪感的精神支柱，那么，以改革创新为核心的时代精神就是推动中华民族与时俱进、革故鼎新的精神动力。黑格尔曾说："时代精神是每一个时代特有的普遍精神实质，是一种超脱个人的共同的集体意识。"中华优秀传统文化的传承与发展就是民族意志存在的重要标识。而中华优秀传统文化的现代转型，亦体现了民族精神在当今时代的鲜明特征。近现代以来中华民族艰苦卓绝、百折不挠的奋斗历程，呈现出中国古今民族精神命脉承续与对接的整个过程。这期间，孕育了"爱国、进步、民主、科学"的五四精神，"自力更生、艰苦奋斗"的延安精神，以及"全心全意为人民服务"的雷锋精神，等等。如果说，民族精神与家国情怀体现了古人的道德情操与价值追求，那么当今中国改革乃至社会主义建设也的确是中华民族锐意进取的时代精神与不断砥砺前行取得的成就。古今华夏儿女所担起国家与民族复兴、自强的重任，是中国人与生俱来的使命感，既承续了"天下兴亡，匹夫有责"的历史使命感，也开启了近代中国救亡图存的爱国主义新篇章。一言以蔽之，文化是一种精神性存在，精神价值是文化最鲜明的特征。"在五千多年文明发展中孕育的中华优秀传统文化……积淀着中华民族最深层的精神追求，代表着中华民族独特的精神标识。"究其根本，就是为推动民族精神与家国情怀的现代转化而提出的兼具时代价值与民族认同感的活态表现形式。掌握了这一"独门秘籍"才能将中华优秀传统文化的精神融会贯通，进而彰显民族精神别具一格的独特魅力。

其次，对中华优秀传统文化中至今仍有借鉴价值的思想内涵进行创造性转化和改造。汲取和凝练诸如孔孟之道、老庄之学、申商之法、汉唐文化和宋明儒学中可资借鉴的哲学思想、人文精神、道德理念等有益成分，将其转化为具有民族特色的文化形式。同时结合当今时代之所需，将正心笃志、崇德向善的人格修为，孝亲敬长、兄友弟恭的人伦之道，仁爱共济、立己达人的关爱品质等转化并赋予其新时代的意义和价值，让中华传统美德与时俱进，再放异彩。要对传统文化中老套陈旧的表达形式加以转换，既要使之尊重和保留其"之乎者也"的文字形式和表达意境，又要使"玄之又玄"的古书典籍具有"人间烟火"气息，做到古语今说，贴近生活。让中华传统文化重新回归到现代人的视野之中，赋予传统文化新的时代思想，形成人们喜闻乐见、符合大众需求的新的文化形式。让曾经"束之高阁"的中华传统文化以脍炙人口、喜闻乐见的形式重新"飞入寻常百姓家"。

最后，对中华优秀传统核心价值观进行创造性转化。正如上文所述，传统核心价值观、思想内涵和民族精神共同构成了中华优秀传统文化的核心价值体系。关于民族精神与思想内涵价值转化不再赘述，这里仅对传统价值观的当代价值转化做一番简要阐释。中国传统核心价值观具有双重指向性，一方面，将"小我"与"大我"统一于心灵秩序和人格构建之中。古语有云："君子语大，天下莫能载；语小，天下莫能破。"（《礼记·中庸》）这种价值观的认同感正是集"民胞物与""内圣外王"于一身，又将道德培育与国家治理兼于一身；另一方面，在"人本"价值上表现为"尊德性"与"重实行"的内在统一，强调道德主体精神德性与行为秩序的一致，把思想信仰中的"极高明"转化为言行举止的"道中庸"。我们说，中华优秀传统文化中弥足珍贵之处就在于它的思想精髓不会因时间流逝而消磨殆尽，反而会因岁月打磨而还原其本真价值与意义。继承传统价值观是对中华文明的尊重与崇敬，是"以古鉴今"而绝不是"颂古否今"。厘清传统价值观与社会主义核心价值观两者的关系，是从本民族的具体实际出发，科学地进行传统价值观念的创造性转化，使其不断地融入时代新内容，从而成为社会主义核心价值观强有力的支撑点与落脚处。因此，以中华优秀传统文化涵养社会主义核心价值观，不但奠定了社会主义核心价值观的历史基础和智慧源泉，同时还使培育和践行社会主义核心价值观更具感召力和感染力。

（四）发挥影响力：拓展中华优秀传统文化转化与发展的实践路径

马克思说："人们自己创造自己的历史，但是他们并不是随心所欲地创造，并不是在他们自己选定的条件下创造，而是在直接碰到的、既定的、从过去承继下来的条件下创造。"中华优秀传统文化的创造性转化与创新性发展，势必要做到立足于当代中国具体国情，提升传承主体的文化自觉，丰富文化传承方式，在交流互鉴之中实现文化的自立自强。

首先，要提升中华优秀传统文化的文化自觉与认同，发挥它在社会主义新时代的文化影响力。张君劢先生指出："文化之存亡生死，非徒文字之有无焉，衣冠之有无焉，视其有无活力。活力之所在，莫显于社会之信仰，莫显于执行文化之人。"中华优秀传统文化是否具有自觉影响力，关键在于它本身是否具有共性体认同，是否能达成一致的文化认同，让人民群众引起心理共鸣，留下心理烙印。解决这个问题，一方面，要置身于现代社会情境之中不断进行文化反思。传统文化向现代的转化可视为文化的创造性过程，亦可以做出"六经注我，我注六经"这样一番解释。意即说：一是将传统纳入到现代的思想体系之中；二是对传统进行具有现代性质的诠释与界定。从这个意义上讲，现代转化即是架构起传统与现代的桥梁，使传统的历史遗存"活化"为具有生命力的现实资源。另一方面，还要不断推进中华优秀传统文化的大众化进程。将中华优秀传统文化生活化、通俗化，成为人民群众普遍接受、认同且具有创新性质的文化形式。

其次，要丰富中华优秀传统文化的传承与创新方式，发挥它在文化传播中的作用与影响。新传媒形式的出现使得文化传承突破了时间与空间的隔阂，亦使文化传播呈现出多元性、广泛性、趣味性和娱乐性等诸多新的特点。这在一定程度上拓展了中华优秀传统文化的传承、传播方式与路径。具体而言，一方面，要开发以新媒介为平台的传播途径。中华优秀传统文化的传承、传播也不应仅仅局限于教育灌输的传统方式，还应以网络媒介和电子媒介为传播载体，通过电影、电视等艺术形式创作出人民群众喜闻乐见的优秀作品，让大众充分感受到中华优秀传统文化的魅力。与此同时，还可以通过网站、商业客户端、微博和微信等新媒体来推动中华优秀传统文化成为热门话题，使其产生社会效应，引起更为广泛的社会关注。另一方面，要发挥文化场所的传播功能与作用。譬如，博物馆、文化宫、纪念堂、历史名胜古迹亦是参观者接触、感受与学习中华优秀传统文化的空间；在学校要进行传承与弘扬中华优秀传统文化的教育；在公共场所开展公益活动，或播放视频，引导社会各层次人群接受中华优秀传统文化的熏陶。另外，还应在传统节日、纪念日以及民俗活动之中进行中华优秀传统文化的传承与传播，这也是行之有效的方式之一。

最后，要开展中华优秀传统文化的交流与合作，提升传统文化的国际竞争力和影响力。"观乎人文，以化成天下。"（《易传·象传》）中华优秀传统文化提供了具有"文化天下"的世界格局观。在日益全球化的时代，这是十分宝贵且具有世界意义的文化遗产。费孝通先生指出：当代中国文化必须经过文化自觉的艰巨过程，才能在这个已经在形成中的多元文化的世界里确立自己的位置。可以说，越是具有开放性和包容性的文化，就越存蓄着持久的传播力和广泛的影响力。中华优秀传统文化与世界的交流与合作，是在维护和维持世界文明的多样性，尊重和包容各国、各民族文明的基础上建立起来的。因此，中华优秀传统文化要在学习互鉴中推动人类文明进步，努力构建人类命运共同体，即"要促进不同文明不同发展模式交流对话，在竞争比较中取长补短，在交流互鉴中共同发展"，"让文明交流互鉴成为增进各国人民友谊的桥梁、推动人类社会进步的动力、维护世界和平的纽带"。一言以蔽之，坚持"以理服人、以文服人、以德服人"，让中华优秀传统文化走出国门、走向世界。

行文至此，我们可以深刻地体会到，在中国历史发展的新时期，全面复兴优秀传统文化的重要意义在于中华优秀传统文化"积淀着中华民族最深沉的精神追求，代表着中华民族独特的精神标识，是中华民族生生不息、发展壮大的丰厚滋养，是中国特色社会主义植根的文化沃土，是当代中国发展的突出优势，对延续和发展中华文明、促进人类文明进步，发挥着重要作用"。我们亦强烈地感受到，中华优秀传统文化在中国历史发展与社会进步的进程中起到了中流砥柱的作用。中华优秀传统文化是千百年来中华民族智慧的结晶，是难以割裂的精神命脉，是值得世代坚守的文化根基，有无法忽视的独特优势。如今，中华民族的文化复兴既是向中国文化的精神之魂注入了一剂"兴奋剂"，同时也为建设中国特色社会主义文化事业吹响了"集结号"。因此，我们在强调中华优秀传统文化"与时俱进、推陈出新"的同时，不能忘却或忽视对中华优秀传统文化资源的"薪火相传、代代守护"。唯其如此，才能实现中华优秀传统文化以新面貌和新内涵在当代社会"华丽转身"，使其更好地凝聚中国力量，保持中国特色，体现中国风格，展现中国气派。

第二节　多元一体的中华优秀传统文化

在幅员辽阔的中华大地上，中原文化、齐鲁文化、燕赵文化、三晋文化、三秦文化、吴越文化、荆楚文化、巴蜀文化、岭南文化、关东文化等诸多地域文化异彩纷呈，共同构成中华优秀传统文化"多元一体"之壮美图景。历经数千年的社会发展与历史变迁，各具特色的地域文化不断交往、交流、交融，在"存异"中"求同"，逐渐形成了既有"个性"又有"共性"，既有"多样性"又有"一致性"，既"多元"又"一体"的中华文化整体面貌。

一、中华文化多元一体的特质

中华文化是中华民族创造和传承的各种思想文化、观念形态的总体表征，在"多元一体"的中华民族格局中所形成的中华文化，也具有"多元一体"的特质。其实，早在1988年，费孝通就首次提出"中华民族多元一体格局"的观点，他回溯中华民族多元一体格局的形成过程，认为"它的主流是由许许多多分散孤立存在的民族单位，经过接触、混杂、联结和融合，同时也有分裂和消亡，形成一个你来我去、我来你去，我中有你、你中有我，而又各具个性的多元统一体"。这是一种既"存异"又"求同"的文化观，是一种更具开合张力的中华民族整体观。"多元一体格局"这一概念最早用于分析中华民族特征，"'中华文化'作为一个文化概念其形成过程，与'中华民族'作为一个族称的形成过程相同步"，亦受"多元一体格局"的预制。

中华文化的"多元"是指中华文化具有多样性，它包括我国不同民族的文化、不同地域的文化，也包括传入中国的各种外来文化。中国地域广阔，各地区自然地理条件差异巨大，经济文化类型多样，造就了民族文化的差异性、多样性，造就了中国文化的多元构成。我国各民族文化在语言、风俗习惯、宗教信仰、民情、生活方式等方面，具有很大的差异性。在中国古代北方，阴山以北、大兴安岭以西的广大地区（俗称漠北），阴山以南，燕山、祁连山以北地区（俗称漠南），气候寒冷，不适宜农作物生长，繁衍生息于这些地方的古代民族，形成了游牧的生活方式及草原游牧文化。与漠北、漠南草原游牧民族文化截然不同的是黄河流域、长江流域等地,有灌溉之利,便于农耕业的发展,在这些地区生活的古代民族则创造出了灿烂的农业文明。经过漫长的历史发展,在中华大地上,逐渐形成了汉族文化、藏族文化、苗族文化等多民族文化,又形成了中原文化、齐鲁文化、燕赵文化、三晋文化、三秦文化、吴越文化、荆楚文化、巴蜀文化、岭南文化、关东文化等地域文化,这些多元文化都是中华文化的重要组成部分。

中华文化的"一体"是指中华文化始终内蕴着统一的核心形态的价值理念,它是各种具体文化思想的主流规范,是一个民族和国家长期秉承的一整套根本原则。在几千年共同缔造统一多民族国家的过程中,政治上的大统一对中国各民族文化的联系起到了巨大的推动作用,借助统一的国家力量的整合,各民族间建立了相互依存、相互促进的经济文化联系。可以讲,没有历史悠久的国家大统一,就无法形成各民族文化间不可分割的联系,也就没有绵延至今的"多元一体"的中华文化。在古代,中原汉族文化处于领先和主导地位。汉族在经济生活方式上以农业为主,与周围狩猎、游牧、渔猎等民族经济形式相比,具有明显的优势和先进性。汉族文化在思想意识层面以儒家思想及其价值观为核心。儒家思想切合古代农业社会生产方式的现实需要,其价值体系与自给自足的经济形态相吻合。秦汉以后,儒家思想成为中国大多数王朝政权,包括许多以少数民族为主建立起来的中国政权的指导思想和主导文化。汉文化以先进文化、强势文化和主流文化的地位,影响了中国古代政治、经济、文化和社会的内在结构和发展走向。中原汉文化借助王朝强大的政治体系,不断地向其他民族区域推行、扩张其文化影响,周围民族集团则不同程度地吸收、接受中原先进汉文化中的有益因素。

中原文化在中华文化系统中处于基础、主体、主干的地位。"以黄河、长江中下游为主的中央平原,以其得天独厚的自然条件造就了华夏——汉族在多元一体格局中的核心地位。"中原文化在整个中华文明体系中具有发端和母体的地位,无论是人类记载的史前文明,还是有文字记载以来的文明创造,都充分体现了这一点。从"盘古开天""女娲造人""三皇五帝""河图洛书"等神话传说,到早期的裴李岗文化、仰韶文化等考古学文化,都发生在河南。

夏、商、周三代,被视为中华文明的根源,同样发端于河南。作为东方文明轴心时代标志的儒道墨法等诸子思想,也正是在研究总结三代文明的基础上而生成于河南的。在与其他文化不断的交流融合中，中原文化自身的外延也在不断扩大，并由此催生了中华文化的形成。中原文化的核心思想，如"大同""和合"成了中华文化的核心思想；中原文化的核心价值观，如礼义廉耻、仁爱忠信，成了中华民族的核心价值观；中原文化的重大民俗活动，如婚丧嫁娶、岁时节日等，成了中华民族的民俗活动。中原文化就像花心，其他文化是花瓣，一起形成了中华文化这朵绚烂的文明之花。

中原文化以外的其他地域文化，同样是中华文化的具体形态和不可或缺的重要组成部分。以岭南文化为例，秦汉以前，岭南地区长期"蛮烟瘴雨"，文化因地域封闭而相对落后，似乎和以中原文化为主体的中华文化格格不入。后来，独具特色的岭南土著文化与中原文化、荆楚文化、巴蜀文化、吴越文化等地域文化交流融合，发展成具有共同特质的岭南文化。融入岭南文化并成为中华文化重要组成部分产生了深远影响的，当数中原文化。秦汉以后，修灵渠、开庾岭，加上多次中原移民南迁，使得岭南与中原的交流日益密切，博采众长的岭南文化作为一种"独具岭南特色的中原移民文化"，逐渐融入了中华文化的整体风格。

二、岭南文化的构成与特色

从岭南文化的形成和发展过程中，我们可以窥见中华文化"多元一体"整体特质的形成过程。人类文化的发展是以自然为基础的，自然地理环境是一个民族文化成为某种类型的前提性因素，是形成文化独特性、多样性的先天基础，"长期分隔在各地的人群必须各自发展他们的文化以适应如此不同的自然环境"。在那片远离中原的南蛮土壤中，岭南地区逐渐生长出具有海洋特色、商业特色的地域文化，丰富了中华文化的多样性。

中华民族和中华文化，都是在"四海之内"的自然框架里形成的。从空间范畴看，中华文化以中原文化为核心，辐射中原以外之四方地域。"中华"又称"华夏""中夏""中土""中国"，古籍常将中原称为"中""华""夏"，将四方称为"夷""裔"。"中华民族的家园坐落在亚洲东部，西起帕米尔高原，东到太平洋西岸诸岛，北有广漠，东南是海，西南是山的这一片广阔的大陆上"，中部平原地区（黄河中下游地区）位于四方部落（亦称为"四夷"）——东夷、南蛮、西戎、北狄之中,"相对封闭的地理环境为中华民族从多元走向一体镶嵌了'自然框架'"。

"南蛮"的称谓最早出现在《礼记》,是先秦时代中原王朝对中原以南各部落的一种蔑称,不同朝代所指的具体地理范围略有不同。公元前214年,秦始皇设立南海郡、桂林郡、象郡,合称为"岭南三郡"。五岭之南世称"岭南"。岭南地区位于我国最南部,北枕五岭,南濒大海,西连云贵,东接福建。岭南的"岭",指的是中国境内一条重要的山脉"南岭",其中,大庾岭、骑田岭、都庞岭、萌渚岭和越城岭所构成的"五岭"是南岭最主要的山岭,五岭地处广东、广西、湖南、江西等交界处,是长江和珠江两大流域的分水岭。长期以来,南岭所形成的天然屏障阻碍了岭南地区与中原的交通和经济联系,在岭南文化形成之前,岭南地区的经济、文化远不及中原地区,被称为"南蛮之地"。

秦汉以前,岭南地区长期"蛮烟瘴雨"、地理环境恶劣,民寿难永,是古代朝廷贬谪官员、发配犯人和难民逃避战乱之地。白居易在《送客春游岭南二十韵》中,对岭南的描述是"瘴地难为老,蛮陬不易驯。土民稀白首,洞主尽黄巾";"文起八大家之衰"、唐宋八大家之首的韩愈(韩昌黎),因上书谏迎佛骨而触怒唐宪宗,51岁时被贬今广东潮州,唏嘘南下,在《去岁自刑部侍郎以罪贬潮州刺史乘驿赴任》中写道"惊恐人心身已病,扶舁沿路众知难",在《左迁至蓝关示侄孙湘》中写道"知汝远来应有意,好收吾骨瘴江边";唐宋八大家之一、北宋文豪苏轼(苏东坡)一生仕途坎坷,三遭贬谪,今广东惠州是其第二次贬谪之地,虽然当时岭南乃是蛮荒之地,但乐观豁达的苏轼依然甘之如饴,留下了"日啖荔枝三百颗,不辞长作岭南人"的千古名句。

自古以来,岭南人民在南中国这块辽阔的土地上繁衍、生息、劳动,不断改造自然,改善自己的生活,与其他地域的人民一道创造了中华文明。

岭南文化的本根是岭南土著文化,秦汉之后吸收中原及各地优秀文化,近现代又大量引入海外文化。

固有的本土文化。在史前时期,岭南地区就开始有人类活动的足迹,根据广东韶关"马坝人"的发现,岭南的历史可以追溯到13万年以前。岭南古为百越之地,是百越族居住的地方,古代"越"和"粤"通用,所以,百越族亦称百粤族、越族、越人,后来逐渐演变为黎、壮、瑶、畲等少数民族。如今,"粤"也成了广东省的简称。生活在岭南地区珠江流域的百越族先民们,先后创造了渔猎文明、稻作文明和商贸文明。这些文明的产生与发展，都离不开江海水运。因此，岭南人喜流动、不保守，创造了有别于内陆文明的岭南海洋文化、商业文化等特色。

南迁的中原文化。在漫长的历史岁月中，由于五岭阻隔，交通不便，岭南文化在一个相对封闭的环境里发展缓慢，长期处于蒙昧状态。直至公元前214年，岭南才被正式纳入中原王朝的版图。秦始皇迈出了开发岭南地区的步伐，下令修灵渠、开庾岭，沟通南北，在岭南设置桂林、象、南海三个郡，如今的广东大部分地区属于当时的南海郡。秦末汉初，北方人赵佗在岭南地区建立了政权，史称"南越国"。唐玄宗时期，岭南人张九龄主持开凿了大梅关通道，五岭的险阻变为坦途。至此，岭南与中原交流的交通障碍不复存在，岭南文化也迅速发展。在后世的两千余年中，不断有来自中原王朝的军人、贬官进入岭南；中原地区的战乱，更是使得大量移民来到岭南，他们带来了北方先进的农耕技术和儒家文化。到了唐宋以后，强势而先进的中原文明渐渐席卷珠江，进而构成岭南文化的主体。从此，岭南文化开始沾染儒家文化、内陆文明、唐宋八大家的遗风，也逐渐融入中华传统文化体系中，同时也保留了岭南地区的区域特色，实现了保留自身特色的中华文化融入。

舶来的外域文化。在历史上，与北方大漠中的丝绸之路并存的，还有一条"海上丝绸之路"。岭南地区作为海上丝绸之路的始发地之一，一直是中外文化交流的重要平台。岭南先民们冒着生命危险，扬帆远航，输出了我国的丝绸、陶瓷和茶叶等，让中国的物产有更多机会出现在世界面前。同时，来自印度、阿拉伯和欧洲一些国家的客商、僧侣等也通过海上丝绸之路来到岭南，带来了各自国家的文明精华。由此，东西方的商业文化、科技文化、宗教文化、政治文化在岭南地区碰撞交流，不断给岭南文化注入新的活力，使岭南文化具有了一定的外域文化特色。

岭南地区北依南岭，南傍南海，加上南岭万山叠嶂，不仅使岭南地区构成一个相对独立的自然地理单元，而且孕育于其中的岭南文化也形成了迥异于岭北的文化特质，其海洋文化、商业文化、侨乡文化等特色，是对以中原文化为主体的中华文化的丰富和创新，在中华文化发展史上独领风骚，在中华文化之林中独树一帜。

海洋文化。岭南地区可谓是中华海洋文化的故乡，中西文化的交汇地。自魏晋南朝起，海外的僧侣、中外使节、商人，都沿着"海上丝绸之路"前来广州，或由广州转往京都，"舟舶继路，商使交属"。岭南地区的海洋文化，在不同的时期有不同的内容和特点。上古时代，岭南人以渔猎为主，大量的贝丘遗址，说明其以海产为食；中古时期，海上贸易不断发展并趋向繁荣鼎盛；近代，始有现代意义港口的开辟并做初步海滨资源的开发，尤其是中西文化的交流和碰撞愈加强烈。总之，岭南海洋文化，是随着中国海洋利用开发的深化，不断吸取海外文化而得到不断发展的。

商业文化。岭南面向南海，很早与东南亚各地保持着商贸往来。在整个中华文化具有典型农业文明的背景下，岭南发展出另类的商业文明。岭南文化的特色在于它从踏入文明社会开始，就一直呈现物质文化的多元并存格局，其中心线索是商业，而不像中原文化那样始终以"重本抑末""重农抑商"观念占主导的农业社会文化为主要特征。据史籍记载，早在秦汉时期，广州就成为南北商贸中心。明清时代，岭南地区进入了经济社会并得到快速发展。这主要得益于岭南具有较长的海岸线，瓷器、茶叶、纺织品等出口，使得其对外贸易非常发达，广州成为全国最重要的商业城市之一，甚至一度成为全国唯一的外贸港口。对外贸易推动了商品经济的发展，岭南进入了历史上最繁荣的时期。进入近代、现代以后，虽然历经各种动荡战乱，岭南连接海内外的沿海地区，这种在国家格局中具有重要辐射性和影响力的地缘优势，却一直不曾发生多大改变。

侨乡文化。在中国四大侨乡中，岭南三大民系就是三大侨乡：广府侨乡、潮汕侨乡和客家侨乡。岭南华侨文化最典型地代表了华侨文化的本质特征：华侨华人历史、文化的本质，并不单单是一部"苦难史、创业史、爱国史"，更关键的是开展中外文化交流的特质，是一种主动的开放、学习、接纳的文化。"侨"而不崇洋媚外，不全盘西化；"乡"而不迂腐，不顽固，凸显出侨乡文化形成的历史底蕴和民族特性。中西交融在侨乡文化中的影响及至建筑、语言、服饰、民俗风情、行为方式、观念等方面。建筑上，随处可见的"骑楼"，原是地中海沿岸的建筑；广东五邑的数千座碉楼，风格各异，有仿意大利穹顶式、仿英国寨堡式、仿欧洲中世纪教堂式等；思想观念上，侨乡接触西方资本主义文明较早，与非侨乡地区相比，重商色彩明显，强烈的商品意识、竞争意识延续至今，形成了敢于冒险的侨乡创业文化。

岭南文化是悠久灿烂的汉文化的重要有机组成部分，是汉族文化百花园中的重要组成，有着山的务实，水的灵动，海的包容。基于独特的地理环境和历史条件，岭南文化在其发展过程中不断吸取、融汇中原文化和西方文化，逐渐形成开放、兼容、重商、务实、进取、创新的文化特质，极富个性，丰富了中华民族文化的机体。

岭南文化与中原文化有着明显的异质性，主要表现在以下三个方面：

一是文化背景的差异。在封闭性的社会模式中，中原地区的广大人民过着"以农为本"、以一家一户为单位自耕自足的生活，政治体制上则以"天地君亲师"五位一体。而西方资本主义经济的入侵和影响，使得岭南地区，特别是广州的经济形式具有较强的开放性和融通性，逐渐形成了"以商为本"的经济结构，政治上亦由于历代封建王朝鞭长莫及，把岭南作为官员贬谪流放之地，封建宗法制式较弱，社会结构没有那么等级森严，使得岭南人容易接受外来文化思潮的影响。

二是文化交融方式的差异。中原统治者常以"天朝上国"自居，拒绝一切外来文化的输入，而岭南地区则曾以"边缘文化"为特征，具有极大的兼容性；同时，由于缺乏内核文化强大的辐射传递力，因此可塑性极强，对外来文化的移植有较大的宽容性。这种文化思想的影响，使得岭南民俗丰富多彩。

三是文化核心的差异。这一点首先表现在价值观念方面，中原文化把自己禁锢在小农经济的天地里，相比于岭南文化，不谋求客观环境的改造，不注重人生的价值观念。而岭南人眼界比较开阔，自强求富，崇尚实业，也务求功利。其次表现在思想方式上，中原人思想封闭、单向，没有活力和创造性；岭南人的思维比较活跃，开放、横向、积极进取，反对保守、中庸、安分、随缘的民俗心理。

三、岭南民系的杂而不乱

岭南居民除汉族之外，还有壮、瑶、黎、畲等少数民族。而在占人口绝大多数的汉族内部，又可以根据来源、方言、文化、习俗等的不同，主要分为广府、潮汕和客家三大民系。由于岭南的民俗文化受到中原文化的影响，因此广府人、潮州人、客家人都认为自己是中原汉人的血统。

（一）三大民系

1. 广府民系

广府民系指的是使用粤方言（也称为广州话、广府话、白话、粤语、广东话等）的岭南地区的汉族居民，主要分布在珠三角一带，代表性城市是广州、深圳、东莞、珠海、佛山、中山等。

广府人普遍有以珠玑巷为"根"的思想观念。不过，宋代自北向南最大规模的"移民潮"其实是"海陆并进"的，不仅有走陆路沿五岭之大庾岭道上的粤北南雄珠玑巷一线而来，还有不少从福建等地浮海而至。广府人有汉化后的古南越族人的后裔，也有中原汉族的移民，或是这两个人群结合的后裔，表现出中原文化和百越文化"你中有我、我中有你"的融合特征。

"广府"是广州的旧称，因而广府文化就是以广州为中心的文化，也是岭南文化中最有影响并且最具典型性的文化。自古以来，广府是岭南经济最活跃的地区。自唐代开始，广州就是对外贸易的中心、对外通商的门户，因此广府人重商、实干、精明、开放等特征表现得十分突出。重商，令广州商贾云集，市场繁荣。直至今天，广州仍是一个商品的集散地和物流中心，不少传统的"广货"在全国乃至全世界都是有名的。

2. 潮汕民系

潮汕民系指的是使用潮汕方言的岭南地区的汉族居民，主要分布在韩江三角洲一带，代表性城市是潮州、汕头和揭阳。古代有"潮州八邑"，即海阳、揭阳、潮阳、饶平、澄海、普宁、惠来和丰顺，近代汕头开埠成为港口城市崛起，遂将潮州和汕头合称为"潮汕"。

许多潮汕人的先辈都是从福建沿海迁来的。自北宋后，韩江三角洲得以开发和发展，生产环境不断改善，闽人大量移居韩江三角洲，带来了较为先进的农业生产技术和经验，以及经商的风气。潮汕地区地狭人稠，人们在手工业上精雕细琢，在商业上更是精打细算，极善经营，具有创造、开拓和冒险精神，闻名海内外。

在岭南三大民系中，潮汕民系是一个有着鲜明特色的民系。其语音和结构自成一体的方言、善于经营而扬名于世的商人、浓重的族群意识、高度的凝聚力、"种田如绣花"的精细等为世人所瞩目。极具海洋文化的冒险精神、充满进取而坚韧的商业精神、精诚团结的潮人组织以及追求精细化的生活方式，可以视为潮汕民系的主要文化特征。有潮水的地方就有潮汕人，潮汕文化是潮汕人的根，把世界各地潮汕人的情缘紧密地联结在一起。

3. 客家民系

客家民系指的是使用客家方言的岭南地区的汉族居民，广东河源是"客家古邑"，广东梅州是"世界客都"。顾名思义，"客家"就是指作客他乡，以他乡为家，岭南地区的客家人是从外地迁入岭南的，并非原住民。北方游牧民族入侵中原或中原战祸、天灾等因素，引发中原地区汉人多次大规模向南迁徙，最终在岭南地区形成一个新的民系，就是今天的客家民系。

两宋时期，"客家人"这一称谓获得官方定称，当时在户籍立册中，凡是广府语系和潮州语系的人都被列入主册，而北方来的人多被列为"客籍"，元人入主中原后，迫使大批南迁客家人由闽入粤继续南下，梅州成为客家人新的聚居中心。据记载，自乾隆至光绪百余年间，凡舟车能至、人力可通的亚、美、非等大洲，皆有客家人迁往，聚族而居，从而形成了客家人分布世界各地的格局。

客家文化是以中原文化为主体的移民文化，所以它不仅具有中原文化的深厚底蕴，还具有移民这一特殊群体所独具的文化面貌。"宁卖祖宗田，不忘祖宗言"，询问"堂号"归根认祖，崇文尚武，"无山不住客，无客不住山"的吃苦耐劳精神，"敢谋有出路，敢死有官做"的冒险进取精神等，构成了客家民系的主要文化特征。

（二）三大方言

语言，尤其是方言，是一方文化的"活化石"，也是文化认同的基础。

从方言上看，岭南文化既受到中原文化的影响，又保留了自身的特色。在我国七大方言中，岭南三大民系广府、潮汕和客家所用的方言就占了三种，并且都排在"最难懂的方言"之前列。

岭南的广府、潮汕和客家三大方言之间互不相通，表面上看起来差别很大，但是它们有一些共同的特征。岭南三大方言的形成都是中原汉族居民向南迁徙的结果，尽管他们的迁移时间和迁徙路线都不太一样。广府居民都认同南雄的珠玑巷是他们祖宗迁徙时聚居过的地方，也是必经之路。潮汕方言也有人称为"福佬话"，这就说明了它的来源，即来自福建。有学者认为，闽语的远祖应是古代的吴越语，福建人也是从古代的吴地移民过来的。客家方言就更不用说了，现代客家人自称是"中原望族"的后代。黄遵宪先生说过"此客人者，来自河洛，由闽入粤"。元初的时候，有一本非常有名的韵书叫《中原音韵》，为周德清所作。广东著名音韵学家陈澧就指出："客音多合周德清《中原音韵》。"

岭南的三大方言都较多地保留了古代汉语的特点。从语音方面看，粤、闽、客三方言的声调中都保留着古代汉语的入声，而入声在北方方言里已完全消失，这是三者中最具特色的。从词汇上看，广府方言中说"食"不说"吃"，说"饮"不说"喝"，说"行"不说"走"等；潮汕方言中说"毛"不说"发"，说"项"不说"颈"，说"惊"不说"怕"，客家言里说"樵"不说"柴"，说"索"不说"绳"，说"寻"不说"找"。以上例子，都是这些方言里还在使用古代汉语词语的表现。

作为多彩岭南文化缩影的方言，其实也在诉说着岭南文化与其他地域文化交流融通的历史故事，也使得岭南文化既能更好地融入中华文化，成为中华文化的重要组成部分，同时又彰显了岭南区域文化的独特魅力，以其特有的海洋文化、商业文化和侨乡文化，引领着中华文化走向变革和创新。

尽管地处南隅，岭南文化并不自我封闭，而是深受中原文化的影响，这与其既封闭又开放的地理区位、丰富多样的自然环境与资源、土著居民的历史作用、安定的社会政治环境、内部地理环境差异、移民等因素是分不开的。岭南文化逐渐融入中华文化的整体血脉，这一过程也是中华文化逐渐从"多元"走向"一体"的过程。岭南地区南雄的珠玑巷，就蕴藏着中华民族文化的基因密码。南越国疆域基本就是秦朝"岭南三郡"的范围，东抵福建西部，北至南岭，西达广西西部，南濒南海。司马迁在《史记》中曾专门为南越国立传。从秦始皇统一岭南开始，中原百姓就以多种形式向岭南移民。其中，世家望族和贬谪官员移民带去的更多的是文化和思想，戍边士卒以及流放罪犯带去的更多的是技术和习惯。

宋代以后，随着金与蒙古军队的南下，越来越多中原移民通过湖北、湖南、江西逐步南迁，进入广东，这就构成了"珠玑移民"。络绎不绝地向岭南输入中原移民的同时，珠玑巷也让中原文化精神传遍了岭南大地。珠玑巷移民对自己家族制度、观念与信仰的忠实传承，反映了数千年来中原文化传统的影响。每年成千上万"珠玑后裔"到珠玑巷"寻根"，体现出他们对"华夏衣冠"强烈的归属意识。南雄当地保存的民间传说、民俗传统、文化风尚，塑造了岭南人开拓进取、和衷共济、崇文重教的精神。一批批世家望族从这里走向珠三角，将"烟瘴之地"开垦为"鱼米之乡"。

在书写珠玑巷传奇的过程中，中原移民不断与地方文化相结合，也形成了具有岭南地域特色的文化认同。例如，岭南的三大民系广府人、潮汕人、客家人都认为自己是中原汉人的血统。自从出现"广州音说"力证广州方言最接近隋唐古音后，客家人也不甘落后，纷纷撰文证明客家话源自中原古音，潮汕人则奉韩愈为文化之祖。又如，客家先民是中原移民，客家文化保留着厚重的中原文化特征：一是由客家移民社会所决定的，客家人南来后，出于对外对内的需要，把中原文化作为联结族群凝聚力的纽带；二是新的定居地僻处山区，远离战乱，社会相对稳定，因此得以保留相对完整的中原文化"活化石"；三是闽粤赣聚居区连成一片，利于保留同根、同源、同质的祖居地文化，而不致被周边族群同化而丧失固有的文化。

这些都表明，岭南文化与中原文化同源、同根、同类，在文化交往、交流、交融的过程中，中华文化不断从"多元"走向"一体"，最终形成了"多元一体"的整体特质。

总的来说，"考察中国文化发展的历史，有一个基本事实就是：由古至今，在中国这片地理单元内繁衍生息过众多的民族，这些民族在特定自然、人文、社会历史条件下创造和发展出具有自身民族特色的文化，同时这些民族在政治、经济、文化等各方面却不是完全封闭隔绝的，在漫长的历史过程中，由于自然地理条件、人文因素等各种因素的共同作用，各民族之间发生了深刻而广泛的相互交往、交流、交融。单就文化方面而言，历史上各民族文化之间相互影响、相互渗透，不同民族文化实际上发展形成了一个既千差万别又相互紧密联系的中华文化共同体。纵观中国传统社会和现代社会，多种民族文化形态、不同民族文化之间相互依存、相互交融呈自在状态，因此说，中国文化是一个由不同民族文化相互交融形成的有机整体，'多元一体'是自古至今中国文化格局的基本特征"。

第三节 中华优秀传统文化自觉的合理性反思

文化自信是一个国家、一个民族发展中更基本、更深沉、更持久的力量。文化自信的基本前提是文化自觉。唯其如此，文化自信才是在客观认识和辩证观照文化禀赋与特质基础上的本然自信。自觉的根本目的是为文化自信奠定坚实的理性根基，而不仅仅是基于温情的敬意。只有文化自觉，才能树立真正的文化自信，实现坚实的文化自强。

费孝通先生认为，"文化自觉只是指生活在一定文化中的人对其文化有'自知之明'，明白它的来历，形成过程，所具的特色和它发展的趋向，不带任何'文化回归'的意思，不是要'复旧'，同时也不主张'全盘西化'或'全盘他化'。自知之明是为了加强对文化转型的自主能力，取得决定适应新环境、新时代时文化选择的自主地位。文化自觉是一个艰巨的过程，首先要认识自己的文化，理解所接触到的多种文化，才有条件在这个已经在形成中的多元文化的世界里确立自己的位置，经过自主的适应，和其他文化一起，取长补短，共同建立一个有共同认可的基本秩序和一套各种文化能和平共处、各展所长、联手发展的共处守则"。

一、文化传统的预制性

"传统"是"历史上流传下来的习惯力量，存在于制度、思想、文化、道德等各个领域"。费孝通认为，"传统是指从前辈继承下来的遗产，这应当是属于昔日的东西。但是今日既然还为人们所使用，那是因为它还能满足人们今日的需要，发生着作用，所以它曾属于昔，已属于今，成了今中之昔，至今还活着的昔，活着的历史"。美国社会学家希尔斯在其权威性著作《论传统》中对"传统"的三个特性做了揭示：一是"代代相传的事物"，既包括物质实体，亦包括人们对各种事物的信仰以及惯例和制度；二是"相传事物的同一性"，即传统是一条世代相传的事物变化链，尽管某种物质实体、信仰、制度等在世代相传中会发生种种变异，但始终在"同一性"的锁链上扣接着；三是"传统的持续性"。

由此可见，传统不是历史，因为历史只能是过去；传统亦不是政治，因为政治必定是现实的，故不可能代代相传；传统更不是经济，因为经济是不断变革的力量，不可能相传事物的同一性和持续性。毫无疑问，"传统"与历史、政治、经济都有密切的关系，但传统最直接的载体却是文化。文化既是有形的，也是无形的，它可通过物质实体、社会范型来表达，亦可通过思想意识、制度理念来体现。因此，文化，尤其是文化传统对人的影响方式，才具有渗透每个人的毛孔，流淌到每个人的血液中之功能。而从"文化传统"的社会功能来看，"它使代与代之间、一个历史阶段与另一个历史阶段之间保持了某种连续性和同一性，构成了一个社会创造与再创造自己的文化密码，并给人类生存带来了秩序和意义"。

在人类文化的诸多传统中，有"大传统"也有"小传统"；即使是"小传统"，也被进一步细分为"地上的小传统"和"地下的小传统"。但是，任何传统，无论其类型，都"可能成为人们热烈依恋过去的对象"，发挥着预制力功能，对现实的人类生存和社会发展显现出潜在、先在和先天的制约性和影响特性，深刻地影响着人们的生存样式和思维方式；同时使得文化的发展主要不是表征为普遍的和制造的，而是呈现出经由历史延续而培育的特征。对于文化积淀成传统所产生的预制力，钱穆先生在下面这段话中已表达得十分清楚了。——"本源"二字是中国人最看中的，一个民族是一个大生命，生命必有本源。思想是生命中的一种表现，我们亦可说，思想亦如生命，亦必有它的本源。有本源就有枝叶，有流派。生命有一个开始，就必有它的传统。枝叶流派之于本源，是共同一体的。文化的传统，亦必与它的开始，共同一体，始成为生命。

所谓文化传统的预制性，是指文化传统对现实的人类生存和社会发展而显现的潜在、先在和先天的制约影响特性。它可以从文化传统的根源性、特殊性和生存性去分析。

1. 根源性

每一文化必有其源头，也就是文化的根源。从源头到支流是一整体。从支流的角度而言，经过时间的流逝，源头就成为传统。现实的文化无疑正是这一条条支流，它们最初始的传统就是其各自的源头。源头不同，那么经源头流淌出的支流会存在差异。德国哲学家雅斯贝尔斯通过对其"轴心时代"观念的展开，从理论上论证了文化多元性的"原初"根源。在他看来，公元前500年前后，在世界不同地区出现了许多大思想家，他们从各自的反思路径出发对宇宙人生等根本性问题做出了思考，这些反思路径又是迥异而互不影响的，由此导致了经此路径发展而来各民族精神文明形式的差异，成为各具特色的民族文化传统，构成不同民族生存的"集体意识"，世代影响并塑造着个体生命。杜维明在分析雅斯贝尔斯"轴心文明"的历史论证的基础上，得出鲜明的结论：人类文明发展的多元倾向有着相当长的历史，多元文化是世界文明发展的大脉络，而不同"轴心时代"的文明有不同的源头活水、不同的精神资源、不同的潜在力，以及不同的发展脉络。这种"源头活水"的根源性差异导致当今世界各种现实文明的差异和人们思维习惯、生活样态的差异。

马克思主义经典作家在论及人类由原始社会进入文明社会的历史进程时，认为东西方曾经走了两条不同的途径，即以希腊为代表的"古典的古代"和以古代东方国家为代表的"亚细亚的古代"，"古典的古代"是从长族到私产再到国家的进程，个体私有制冲破了长族组织，而后国家代替了长族。"亚细亚的古代"则是由长族社会直接进入国家，国家的组织形式与血缘长族制相结合，我国古代奴隶制的形式可以说是典型的"亚细亚"生产方式。正如侯外庐先生早在20世纪40年代提出的，如果把恩格斯"家族、私产（有）、国家"三项作为人类文明路径的指标，那么中国长族公社的解体和进入文明社会的方式与西方国家不同。西方是从家族制、私产再到国家，国家代替了家族；中国是由家族到国家，国家混合在家族里。当"国家混合在家族里"时，国就是大家，家就是小国，家国获得了本质上的同构性。而由于家国同构的政治文化，"君父同伦，家国同构，宗法关系因之而渗透于社会整体"。个人与国家的关系是个人与家的关系的合理外推，君可以比之于父，友可以比之于兄。在社会生活中，中国人由此表现出明显的处理社会事物时的家庭化和亲缘化倾向，强调通过人情法则的运用，在彼此之间发展和维系关系。

2. 特殊性

儒学是中国文化传统的主流，以儒家文化为主导的传统中国社会既不是个人本位的，也不是社会本位的，而是关系本位的。在中国的文化传统中，对关于人为何或人的本性为何的看法上，存有从关系的角度去论证的倾向，认为人是人伦中的人，是在人我关系中被定位的。许慎在《说文解字》中考证，"仁"从二，亦即人与人之间的关系。即个体并不是孤立绝缘的个体，而是在复杂人际关系中显现的中心点，是人际社会相互依存关系中的网结。"我"是谁？我就是关系，是关系的产物（父母关系的结晶），是关系中的角色（相对最早的关系父母而言，是他们的孩子）。正如有学者考查中国文化中"人"的概念时指出的："人与我对称，使人、我两称谓的意蕴显得十分明确。与'我'对称的'人'，是指我以外的、与我发生关系并具有与我同样意识的别人或他人。人与我总是相比较而存在，舍我无人，舍人无我。……在人我关系之中，我为一，人为多，从而使我处于人我交往的轴心地位。"在孔孟看来，人一生下来就离不开对父母、对他人的依赖，离不开特定的群体关系，这是人之为人的天性。儒家正是基于这种认定，推演出了其全部的伦理原则、规范及实现道德目标的方式、途径。——任何个人都必须寄寓于特定的关系才能生存和发展，所以维护、协调自己所处的关系就显得十分重要。

在中国传统文化中的个体实际上是复杂人际关系中所显现的中心点，是人际社会相互依存关系中的"网结"。因此，个体或"我"是依附某种群体及其关系而存在的，个体并不具有独立存在的价值和意义，个体与群体、社会的基本关系是依附关系，个人生活与公共生活并无明确区分。当然，其逻辑结果是，个体是卑微的，群体、整体是高尚的。故个人要照着关系的规则行事，中国俗语所描述的"人怕出名，猪怕壮""枪打出头鸟""木秀于林，风必摧之"很贴切地表达了中国传统价值观的倾向和文化的潜规则。在关系本位的社会系统中，主体不把重点放在任何一方，而是从乎其关系，彼此相交换。有些关系是基于自然血亲而形成的，但更多的非自然的关系则是个体在生活中有意识地建立起来的。人情作为发展和维系关系的一种规范，它所调整的不是有着深厚的自然血亲基础的父子兄弟之间，也不是彼此陌生的外人之间，而是熟人之间的关系。通过人情法则的运用，交往双方可以使工具性的关系情感化，使陌生人之间的关系亲缘化，从而使对方做出有利于己方的行动安排。这种文化传统成是一股无形的力量，在潜移默化中形塑着一个民族的精神风貌。

3. 生存性

美国人类学家 A.L. 克罗伯和 C. 克拉克洪搜集的资料显示：文化的定义多达 160 种以上。文化定义无论如何诠释，它与人类生活的内在关系都是极为紧密的。梁漱溟把文化直接定义为"人类生活的样法"。这并不是说"人类生活的样法"是由文化决定的，而是说文化传统对人类生活的"样法"有着无形、潜在和极大的影响。因此，即使在生产力水平、经济条件相当的情况下，不同文化传统的人类生活样法也是不同的。由于中西方文化传统的不同，彼此的生活样法就会有差异。梁漱溟指出，人类的生活大约不出三种路径样法：向前面要求；对于自己的意思变换、调和、持中；转身向后去要求。他认为，西方文化走的是第一条路向——向前面要求；中国文化走的是第二条路向——变换、调和、持中；印度文化走的是第三条路向——反身向后要求。所以，"我可以断言，假使西方化不同我们接触，中国是完全闭关与外间不通风的，就是再走三百年、五百年、一千年也断不会有这些轮船、火车、飞行艇、科学方法、'德谟克拉西'精神产生出来。……中国人另有他的路向和态度，与西方人不同的就是他所走并非第一条向前要求的路向态度。中国人的思想是安分、知足、寡欲、摄生，而绝没有提倡要求物质享乐的，亦没有印度的禁欲思想"。这种断言即使过于主观，它还是深刻道出了"文化"对于人类生活的"样式"潜在的、长久的内在制约性。

二、人性预设与人我关系的文化传统

伦理揭示的是人与人之间关系的道理，对人性的不同理解导致不同的伦理建构途径。中西伦理观的差异除了受制于最根本的经济社会发展的差异外，同各自文化传统对人性的不同假设有着必然联系。下文试从中国儒家文化人性本善和西方基督教文化人性本恶这一特殊的比较视角出发，探讨人性差异对伦理建构的意义。

从价值论或信仰论的立场而言，在几千年的人性争论中，中国文化传统的主流是儒家人性本善的学说，并以此作为人禽之别的分水岭。孔子在人性问题上虽然只说了"性相近也，习相远也"（《论语·阳货》），但是，他同时谈到"我欲仁，斯仁至矣"（《论语·述而》）。我们似乎可以大致断定，尽管孔子在人性问题上没有给出明确的答案，但是他是倾向于从人性本善的角度立论的，否则，"克己复礼"就缺失了至关重要的人性基础。孔子以后，人性论的重要性日益凸显。第一个明确提出人性本善的是孟子。"孟子不是从人身的一切本能而言性善，而只是从异于禽兽的几希处言性善"，且性善即心善。在孟子看来，"人皆有不忍人之心"（《孟子·公孙丑上》），因此，"今人乍见孺子将入于井，皆有怵惕恻隐之心"(《孟子·公孙丑上》),"乍见"的情景假设排除了外界环境的干扰,使人的本心得到了最为真切的流露,人的活动听从本心的指引,就如听从无上的绝对命令,无须假借人的思索。从而恻隐之心生发更具有天然和本能的色彩,更凸显出"本"的意蕴,它并非为了结交孺子的父母,并非为了在乡里朋友间博得名声,也并非因为厌恶孺子的哭声,而是源于人先天的"四心"或"四端"。它们是人与生俱来的"良知良能","人之所不学而能者,其良能也。所不虑而知者,其良知也。"(《孟子·尽心上》)人后天的行善修德无非是将微而不著的"四端"扩而充之,进至外在的"仁义礼智"四德,完成人的善性。"恻隐之心,仁之端也;羞恶之心,义之端也;辞让之心,礼之端也;是非之心,智之端也。人之有是四端也,犹其有四体也。"(《孟子·公孙丑上》)"仁义礼智,非由外铄我也,我固有之也。"(《孟子·告子上》)孟子讲:"人之所以异于禽兽者几希,庶民去之,君子存之。"(《孟子·离娄下》)"几希"即是指人的"四端"或"四心"。因此,能否"存心""求其放心"就不仅成为人禽之别,而且成为"大人"与"小人"、"君子"与"妄人"区分的准绳。后世儒家在人性问题上,虽然有少许差异,但基本上没有脱离孟子关于人性本善的预设,无论是董仲舒的性三品说,还是宋明理学的性二元论,甚至佛性说。孟子的性善论主张甚至以其无所不在的渗透力,影响着大众文化。《三字经》开篇即言"人之初,性本善"。

西方文化有着浓厚的基督教背景。英国著名历史学家汤因比甚至将现代西方文明视为基督教文明。"自从我们的西方基督教社会在一千二百年以前从教会的母体里呱呱坠地以来,我们的祖先和我们自己都一直是受它的养育哺乳之恩。""基督教的病毒或是仙丹已经进入我们西方人的血液——说不定它就是不可缺少的血液的别名。"不同于中国的儒家(儒教)对人性本善的乐观假设,基督教认为人性即罪性。基督教传统中"罪"的希腊文是 hamartia,意思为"错失靶心",即背离了上帝的旨意。按照《圣经》的解释,人类的祖先亚当和夏娃被创造出来后,生活在伊甸园中,由于听信了蛇的诱惑,偷吃了智慧之树上的果子,违背了上帝的旨意而被驱逐出乐园。在基督教看来,善只存在于上帝的原初创造之中,当亚当、夏娃偷食禁果后,人性就已经偏离了上帝的意志。这就是人类的"原罪",它的本质是人的傲慢自大和背离上帝后的人神关系的破裂。按照基督教的信仰,神创造人后就与人建立了契约,人类始祖的行为却违反了契约，破坏了人神关系。它既然破坏了人神关系，也就破坏了人际关系。"原"包括两层含义：人类始祖意义上的和人生而有之意义上的。因此，自始祖违背上帝的旨意后，人人生而有罪，甚至生存本身即是罪，无法解脱，灾难深重。罪性成为人的本质属性。在耶稣看来，罪就深埋在人的内心之中。早期教父哲学家伊里奈乌将上帝创造人类的过程描述为人类从低层次的"动物的生命"走向最高层次的"永恒的生命"的历程，从而在形而上的层面论证出人类在此过程中的罪并非美善的亏损或对上帝荣耀的歪曲，而是人类精神或道德发展的必然阶段。由此，人性的罪性就从哲学层面上体现为必然的历史进程。

由于儒家与基督教人性观的差异，中西伦理学的建构表现出修养伦理与信仰伦理、耻感伦理与罪感伦理、天人合一伦理与天人相分伦理的差异。

1. 修养伦理与信仰伦理

基于对人性本善的信仰，以儒家学说为主导的中国伦理学发展出成熟的修养理论和实践。"儒家学问是生命的学问，其精髓是做人的道理。""儒家教育的目的是成就人格。""儒家舍人生哲学外无学问，舍人格主义外无人生哲学。"孔子提出"修德""克己""正身""修己""求诸己"；孟子提出"尽心""养性""求放心""养浩然之气"；朱熹提出"居敬"；王阳明提出"致良知"；《大学》以"明明德，亲民，止于至善"为"三纲"，以"格物""致知""诚意""正心""修身""齐家""治国""平天下"为"八条目"，主旨却只有一个，即培养人的德性操守。既然德性足以上升为人禽之分，那么，"人如果要立志'成人'或'为人'，不甘与禽兽处于同一境界，就必须用修养功夫来激发这一价值自觉能力"。而对于社会实践而言，中国伦理学对修养的重视更有其现实意义。因为外在规范的"礼"，最终必须诉诸心灵的修养，才可能生效。后者的不在场，必然会使"礼"成为培育精致的个人主义和虚伪矫情的温床。"乡愿，德之贼也。"（《论语·阳货》）在汉语世界，"德"是区别于"道"的。前者强调个体对规则的主观虔敬状态，"德者，得也"（《礼记·乐记》）。后者强调的是个体对规则的外在遵守。"乡愿"言谈举止左右逢源，从外而言，是符合"道"的，但从内而言，是违背"德"的。因此，孔子才会批评"乡愿"是对"德"的戕害。中国伦理学孜孜以求的目标是人能够将"道""德"有机地统一起来，以"德"统领"道"，在"道"中彰显"德"。

而西方基督教文明既然认定人性即罪性，那么就无法如中国儒家（儒教）般由人性自然生发出道德善行，它只有借助外力才能提升人的自我生命，只有通过信仰才能获得道德实践的可能性。传统西方基督教文化使"人们把人生的意义和生活的信念寄托于神（上帝），寄托于超越此世间的精神欢乐。这种欢乐经常是通过此世间的个体身心的极度折磨和苦痛才可能获有"。信仰上帝就是要效法上帝或效法基督，听从上帝或基督的道德训诫。基督耶稣将上帝比拟为父亲而把邻人比拟为兄弟，强调上帝对人类的爱和人对上帝的爱，以及人与人之间的兄弟之爱。他把"爱上帝"和"爱人如己"总结为旧约律法所有道德诫命中最重要的两条。爱上帝就要顺从上帝，听从上帝的安排，以此重建人与神的关系；爱人如己就要忍恶勿抗，如教徒保罗书信教导般"不要以恶报恶"。因此，人如果要获救或赎罪，必须将上帝或基督的戒命融入自己的生命之中，如上帝爱人般爱上帝和爱自己身边的每个人。以儒家为代表的中国伦理走的是前一条道路，通过诉诸人生而有之的"四心"，通过对"万物皆备于我"的乐观假定，求得现实道德的可能性。西方伦理学走了后一条道路，它通过诉诸人对利益的算计或获救的渴望，使道德成为人的理性选择。

2. 耻感伦理与罪感伦理

中国伦理是耻感伦理，强调反躬自省；西方伦理是罪感伦理，强调上帝救赎。中国文化以"礼义廉耻"为"国之四维"，由于"未见能见其过而内自讼者也"（《论语·公冶长》），因而孔子感叹"知德者鲜矣"（《论语·卫灵公》）。无论是"道之以德"的孟子，还是"齐之以礼"的荀子，都将良治社会奠定在个体耻感的内在心理基础上。知耻既是人禽之别，又是华夷之辨。"人不可以无耻，无耻之耻，无耻矣""耻之于人大矣"。（《孟子·尽心上》）朱熹将"耻"解释为："耻者，吾所固有羞恶之心也。存之则进于圣贤，失之则入于禽兽，故所系为甚大。"（《孟子集注·卷十三》）"在中国传统中，'知耻'可以说是道德实践的一个重要起点，人生于共同体中，自被要求知耻，要有耻，扩而充之于民族国家亦然，要是一个国家民族于此有亏就叫国耻。"耻感形成于人对善的自觉意识与对自我的自觉意识之间对照的过程中。人必知其所贵，而一旦意识到背离了人之所贵者，内心就会产生耻感，遭受心灵的自我折磨和痛苦。因此，"耻辱就是一种内向的愤怒"。对于中国人而言，人生最大的所贵者在于拥有做人的资格，"天生百物人为贵"（《郭店楚简·语丛一》）；最大的耻感也正来自这种先天的荣誉或资格被剥夺，人沦为"物我同一"的境地。耻感的意义在于"任何人都十分注意社会对自己行动的评价。他只须推测别人会做出什么样的判断，并针对别人的判断而调整行动"。耻感伦理关注内省，强调慎独，要求反求诸己，以正己正人。耻感伦理是内向的伦理、自律的伦理，它由内而外，将道德的根基建立在个体的内心世界。人的道德实践无须仰仗外力，其先天具有的良知良能就足以提升生命，实现人的道德自救。

罪感是西方基督教文化的基本精神，并成为西方文化的重要特质。罪感伦理是外向伦理，它强调人生道德实践的外在根据乃在于对上帝诫命的顺从。它使人感觉到上帝作为全知全能的存在，无时无刻不在监督着他，因而威慑于这种无形的存在，他要时刻警醒自己，时刻向信仰中的上帝忏悔自己的罪过，以获得救赎。受罪感意识支配的人的善行因此具有神学基础：人之所以行善，是为了减轻内心的罪感，获得上帝的救赎。由罪感生发出的基督教赎罪观要求人满怀虔诚和忏悔正视自己的罪恶。"不认识罪恶的人就不能真正认识神的爱。罪恶是令人憎恶的，但是世界上再没有比悔罪更美的了。"由于受基督教罪感文化的浸染，因而西方不少思想家主张人类的道德应该建立在上帝存在的先验根据上。伏尔泰宣称，为了防止妻子偷情、仆人偷财，即使没有上帝也要创造一个出来；康德为了最终达成德福的完善圆满，将在认识论领域中驱逐出了的上帝，又在伦理学里请了回来；陀思妥耶夫斯基在《罪与罚》中发人深省地问道："假如没有上帝，道德如何可能？人类将会怎样？世界将会怎样？"显然，在陀思妥耶夫斯基看来，"如果没有上帝，也就不会有永恒，不会有永生，不会有灵魂的不朽；而如果没有上帝与不朽，也就不会有真正和根本意义上的罪与罚"。"有了上帝就不一样了，人就再不能够为所欲为。不仅个人不可以为所欲为，任何集体乃至整个人类也不可以为所欲为。"由此可见，罪感伦理是外向的伦理、他律的伦理，它由外而内，将道德的根基建立在对上帝救赎的信仰上。

3. 天人合一伦理与天人相分伦理

中国伦理强调天人合一。《易传》提出"天人合一"于"德"："夫'大人'者，与天地合其德，与日月合其明，与四时合其序，与鬼神合其吉凶。先天而天弗违，后天而奉天时。"（《易传·文言传》）孟子将人性善的理论假设赋予了"天"的宇宙论根据。在他看来，人先验的善性就存在于"天"，"尽其心者，知其性也。知其性，则知天矣。存其心，养其性，所以事天也"（《孟子·尽心上》）。心、性、天得以贯通。宇宙世界的道德律令就是人内心世界的道德律令，它成为人性善的形而上学的根据。宋明理学时期，张载在中国思想史上率先将"天人合一"作为完整的哲学范畴概括出来，"儒者则因明致诚，因诚致明，故天人合一，致学而可以成圣，得天而未始遗人"（《正蒙·乾称》）。二程把"天人合一"的思想建立在"天理"的基础上，"人之所以为人者，以有天理也""天人本无二，不必言合"（《二程集》）。朱熹发挥了二程的观点，提出"天即人，人即天。人之始生，得之于天也。既生此人，则天又在人矣"（《朱子语类·卷十七》）。中国思想家不遗余力地论述"天人合一"思想的实践动力，在于肯定宇宙世界与人间秩序的和谐关系，充分肯定人在世界中的高贵地位，足以与天地并列为"三才"，"可以赞天地之化育""与天地参"。天人和谐成为中国伦理最重要的特征之一。

但是，西方伦理更强调天人相分。从基督教来看，上帝与人之间永远存在一条不可逾越的鸿沟，人是上帝的造物，"分有"上帝的形体，但是，人永远无法达到上帝的境界。人在现世的赎罪旅程只能减轻内心的罪感，获得上帝的拯救，人可能成为先知或者教主，但永远无法成为上帝；人可能成为虔诚的基督徒，但永远成为不了基督。人只是上帝用来管理整个世界的仆人。从世俗世界来看，由于自近代以来西方科学主义的勃兴，及对人的理性的过度迷信，在浮士德精神的指引下，人类不断开疆拓土，作为自然的天成为人征服的对象，主客二分成为典型的天人关系模式。天人分立成为西方伦理最重要的特征之一。

人性假设的差异，使以儒家为主流的中国传统伦理迥异于以基督教为代表的西方传统伦理。这种差异启示我们，在全球化的世界历史进程中，各民族更应对彼此的道德文化遗产抱着相互尊重、求同存异的敬畏之心，要以宽容的心态看待他人的道德文化，以"和而不同"的方法寻求文化的和解。

三、个人主义是西方人性思想的必然结果

史蒂文·卢克斯通过对个人主义语义史的考察发现，个人主义最早来自法语"individualisme"。圣西门主义者率先在否定性意义上，用它来指称一种有害和消极的观念，将之视为社会罪恶的源泉。这使得"个人主义"在19世纪得到了广泛应用。史蒂文指出，尽管"个人主义"的用法历来缺乏精确性，但是，其主要内涵包括五个基本方面：个人具有至高无上的价值或者尊严；个

人具有自主性，其行为和思想不受制于他所不能控制的力量或者原因；个人具有隐私权，不受或者不应受他人的干涉，能够按照他自己的意愿和方式去追求自己的利益；个人具有自我发展的权利，强调个人的自我实现、自我完善以及个人的独特性与唯一性；社会和国家是个人的集合体，是实现个人目的的手段。尽管在不同的国家、不同的历史时期，对个人主义的态度方式与定义不完全相同，但是，作为一种哲学信仰和价值理论，它有自己比较稳定的内涵，这就是在个人的地位上，强调自主性；在个人之间的关系上，强调平等与尊重；在个人与社会的关系上，把社会看作个人意识的产物。

杜维明认为，尽管在儒家哲学中有"自我"，但"儒家的自我必须有他人的参与"，因此，"儒家的自我在各种社会角色所构成的等级结构中不可避免地会淹没于集体之中"。他认为，儒家的自我，"不是孤立的和封闭的个体，而是人类共同体的每个成员都可达到的一种可分享的共同性""正是这种对尘世中的共同性的意识，使得三教一致致力于铲除所谓'个人主义'的悖谬"。汉学家孟旦认为，"无我"是中国最早的价值之一，它以各种形式存在于道家和佛家，特别是儒家之中。"无我的人总是愿意把他们自身的利益或他所属的某个小群体（如一个村庄）的利益服从于更大的社会群体的利益。"

20世纪初期，中国的先进分子将社会改革的重心转向人的改造，通过译介近代以来西方的经典文献，积极输入其个人主义公民的概念。但是，由于中国传统文化固有的以关系的视角阐释人的本性及规定人的使命的特性，因此，西方公民概念之后的个人主义观念自其登陆中国就处于被改造甚至被批判的命运。严复努力地将英国传统的自由主义和个人主义观念引进中国，他于1903年所出版的《群己权界论》（译自密尔的《论自由》）是国内第一本宣扬自由主义和个体化观念的翻译作品。然而，由于严复与密尔的思想、文化背景迥然不同，严复在翻译密尔的《论自由》时，并没有精确地将其个人特异点的颂扬及其相关的思路，用中文清晰地表达出来。密尔受德国人文主义与浪漫主义的影响，强调个人独创性与差异性，并尽可能缩小个人对权威的顺从，亦即个人免于受他人干涉，而能成就其独特性的自由。然而在儒家传统之中，理想的个人人格不强调个人的原创性，而是重视实践人道与克服私欲的能力，能立德、立功与立言。在此观念下，悠游或沉浸于一个私人空间并与他人有所不同，并非儒家圣人的生活目标，也不是严复的生活目标。因此，密尔强调的个人歧异性与原创性，在严复的译笔之下变成"异撰"。但是，对于严复来说，"异撰"本身不足以成为独立的价值，个人特色必须有助于外在事功，才能成为有意义的成就。密尔强调人类整体的进步关键在个人，严复的译文却把焦点转移到群己关系之上，提示个人之价值是以修身为基础的，达成"成己成物"的儒家理想。

从 1914 年到 1922 年，中国思想家展开了对个人主义的讨论。尽管不乏对个人主义的颂扬，但是，它总体上仍然停留在利他个人主义的工具色彩。"自严复、梁启超以迄五四诸贤，虽都极力推重个人的价值和尊严，但对个体本位、以个人对抗国家社会的西方式个人主义亦多有保留。社会整体的价值，仍为中国启蒙学者所重视。严复式的个体与社群平衡的个人主义，代表了中国启蒙个人主义的主流范式。新文化运动的个人主义思潮虽更趋激进，但其总体上仍未脱严复群己平衡个人观的思想范式。"1914 年，杜亚泉发表《个人之改革》，批评中国改革犯了根本的方向性错误，将改革的起点放置在社会而不是个人，"吾侪不改革自己之个人，而侈言改革社会，是实吾侪之大误也"。他提出，个人改革是社会改革的基础和前提，"吾侪非个人主义者，但吾侪之社会主义，当以个人主义发明之"，由此拉开了 20 世纪中国思想家关于个人主义争论的序幕。

第四章 中华优秀传统文化的发展现状及分析

第一节 中华优秀传统文化的发展概况

一、国内发展概况

中国传统文化是中华文明演化而汇集成的一种反映民族特质和风貌的民族文化，是民族历史上各种思想文化、观念形态的总体表征，历史悠久、博大精深，为中华民族世世代代传承发展，具有鲜明的民族特色。但是在现代科技高速发展的今天，中国传统文化也面临一些挑战，如何增强传统文化的吸引力，去其糟粕、取其精华，如何更好地传承和发展传统文化是我们必须面对的课题。

首先，人们对待传统文化有着不同的态度。在古与今的关系上有些人不能摆正态度，被文化民族主义蒙住了双眼，认为凡是老祖宗的东西都是好的，在不加区分辨别和剔除的基础上简单复制照搬。另一种极端是有些人认为西方的就是好的，西方的月亮都比中国的圆，这种崇洋媚外心理让一部分人打着"学习西方文明"的旗号急切地与中国传统文化划清界限。

其次，中国传统文化经历了工业化和城市化的洗礼，其功能在逐渐消减。城市里的高楼大厦取代了经典传统的四合院，几乎所有大城市都千篇一律，失去了城市文化的民族特色。而在乡村，农民们也对传统民间信仰有所忽视淡化。不管城市还是乡村，商业文化在人们头脑中占的比重都要高于传统文化。

再次，传统文化内容缺少融合与创新。中国有着几千年的悠久文化传统，中国传统文化在人与自然的关系上讲求"天人合一"，对改变目前因为经济发展造成的环境破环、人类生存危机等都具有重要的指导意义。西方社会也掀起了"中国热"的浪潮，但是面对文化全球化的背景，中国传统文化显得力不从心。在当下的文化竞争中，我们缺少的是传统文化与其他国家文化的融合与创新，也没有做到传统文化与现代文化的有机结合。

最后，传统文化传播途径单一。当下中国传统文化走向世界打的是"孔子"这张文化名片，消除了意识形态的隔阂，容易被其他国家接受。但是我们也应该清醒地看到，孔子学院在世界上的影响还不能与美国的好莱坞影片相提并论，要使中国传统文化走向世界，必须丰富其传播载体。

在经济全球化和科学技术迅猛发展的今天，世界各国文化相互碰撞、相互交流、相互融合。中国传统文化的发展需要向其他国家和民族学习，吸收和借鉴人类社会所创造的一切文明成果。"兼收并蓄、博采众长"是中华民族的传统美德，必须加以弘扬和发展。中国传统文化也只有面向现代化、面向世界、面向未来，吸收各国文化精华，不断进行自我扬弃，才能得到进一步弘扬。

同时，中国传统文化发展的未来走向也应当到世界文化发展的历史视野中去捕捉。人类文化发展具有三个基本特征，文化的时代性、文化的民族性、文化的普同性。因此，传统文化的发展方向必然是立足于时代高度，通过对传统文化的改造使其发生创造性转型，使其成为兼具时代性、民族性和人类心灵普同性的中国特色社会主义现代文化。这种文化既是时代精神的凝聚和结晶，渗透着浓郁的时代气息，又具有中华民族文化的个性，是对中华民族传统文化中优秀部分的继承、改造与升华，既是一种民族文化的独创，又具有世界文化的共性，是世界各国优秀文化的综合创造。

传统是不能割裂的，我国历经几千年风雨沉淀了博大精深的传统文化，令当代人自豪，但是我们也要以理性态度对待传统文化，不妄自菲薄，也不崇洋媚外。在文化全球化的浪潮中，我们应在保持自己民族文化特色的基础上不断吸收各国文化精华，不断进行自我扬弃。丰富多彩、百家争鸣是世界文化发展的前景，更是中国传统文化发展的必然趋势。

二、国外的发展概况

传统文化在我国古代就有发展，其中以儒家文化最为典型。中国传统文化博大精深，吸引西方一些国家纷纷前来学习。世界各国于2004年开始建立孔子学院，孔子学院是国际文化交流的重要机构，在那里我国得以开展推广汉语、传播中国文化教育和文化交流等活动。从2004年世界上第一所孔子学院成立至今，孔子学院的规模不断扩大，数量也不断增多。如今，国外学校国际化的重要标志就是孔子学院的建立。同时，孔子学院的地位也越来越高，并且成了我国公共外交的重要名称。孔子学院这个名字被大众所熟悉，之所以以孔子命名是因为孔子被大众所熟悉和认同。孔子学院传播中国传统文化的力度很大，传播的范围广，代表着我国的文化底蕴，让中国文化走出去，还可以作为世界各个国家沟通学习借鉴的重要纽带，所以现在我国已经把孔子学院作为中国传统文化走向国际化的重要标志。孔子学院遍及世界各地，在非洲的发展相当迅速，并且有着非常好的发展前景。孔子学院在非洲不仅可以传播中华文化，还可以增进中非友谊、促进中非合作，使中非成为战略合作伙伴。多年来，为了加大孔子学院的宣传力度，满足各个国家学习中国文化的要求，孔子学院的总部共派出5万多名志愿者，从而促进了中非和各个地区的友好发展。

孔子学院现今为了化解各个国家和地区间的文化差异，正在实施新汉学计划，以便更好地传播中华民族几千年的传统文化。今后孔子学院将会再接再厉、不断创新，让亚非拉等国家不仅可以学习到中国的传统文化，还能让这些国家学习中国技术。孔子学院将会办得更有特色，彰显文化的高层次。中国与世界各国之间还应该加强文化交流，让更多的学生可以走出国门，将中国的优秀传统文化传播到世界各个地区，让其他国家的学生也能爱上中国文化，并能感受到中国传统文化的浓厚氛围。中国是世界四大文明古国之一，旅游和文化是密不可分的，在我国加大开放力度的同时，旅游文化可以把中国文化传播出去，使中国文化走出国门，与各国进行文化交流，旅游还能够让中国传统文化深入人心，使文化更加立体。旅游是文化的载体，能够做到承载文化、传播文化；文化是旅游的灵魂，能够丰富旅游的乐趣和价值。我国也应该利用文化带动经济的发展，使中资企业走出国门，能够与全世界各个国家互相交流、共同进步。

（一）儒家文化在东亚地区的传播

孔子文化在东亚地区传播得非常广泛，对东亚地区的影响也非常大，学者们对儒家文化进行了深入的研究，他们从不同的角度对孔子文化在东亚地区的传播进行了反复分析。孔子文化之所以能在东亚地区广泛传播并且能够有所发展，是多种因素造成的。其中，较为重要的因素有：东亚地区的相关政府对孔子文化的大力支持、在制度上以科举制度的建立为保障、鼓励当地学生到中国来学习、儒家大量经典典籍文献不断被引进、设立了许多孔庙举行释奠礼来提高孔子文化的影响度。这些措施都能够促进中华优秀传统文化在东亚地区的传播。

　　1.各国政府的积极倡导

　　孔子文化在韩国很早就有涉及。韩国著名学者柳承国说过："与燕昭王（公元前311—前270年）同时的古朝鲜社会已习得中国儒教思想，并活用于解决国际之难题。由此可见，孔孟思想于公元前4世纪左右，已经在韩国社会起了机能性的作用。"另外，韩国学者金忠烈也说过："将中国儒教之传来时期，换言之，儒教普及朝鲜半岛的渊源视为公元前4世纪，而儒学的受容则以三韩时代为起点。"他认为儒家思想在传播过程中会在其他国家有一定的适应时期，但是儒学在公元100年左右的汉四郡时代很快地被人们所接受。在公元4世纪左右儒教就已经开始被传播和广泛运用。换句话说，孔子文化从战国时期就已经传入朝鲜，到了汉代在朝鲜的作用十分明显。早在公元前108年，我国就在朝鲜设立了郡县，孔子文化中治理地方的思想较大地影响了朝鲜的生活。

　　公元4世纪时，百济也建立了孔子文化学堂，这个古书中的记载"百济近仇首王薨，子枕流王立……始立太学，颁律令"就可以充分证明。新罗地处朝鲜半岛的最南端，与中国的接触较晚，在公元377年才来到中国。直至真德女王五年，新罗才开设国学的官职，其中就包括"大舍"二人。在7世纪中叶的新罗，就有学官在当地讲解儒家学问。在朝鲜，人们追求学问是不分等级的，无论是贵族子弟还是平民百姓都可以接受孔子文化教育。在新罗有学者通过对中国传统文化的学习发明了"吏读法"，就是利用中国的汉字和汉语及中国语句的理解来解读新罗的语言文化，这一举措让朝鲜进入了孔子文化学习的新阶段。

　　在675年，新罗和中国正处于交往最密切的时期。新罗统一朝鲜和中国大唐王朝的繁荣是密不可分的，两国的交往也促进了孔子文化在朝鲜的传播和发展。新罗神文王二年，朝鲜在首都庆州建立了隶属于礼部的国学。朝鲜课堂上的教授内容也主要以儒家经典为主，学习的相关书籍有：《左长春秋》《尚书》《周易》《礼记》《毛诗》《论语》《孝经》等。其中的《论语》《孝经》两册书籍是学生的必学科目。新罗在地方上也同样设有学校。

宋代赵汝适说过："新罗国……人知书喜学，……里有庠，匾曰'扃堂'，处子弟之未婚者习书射于其中。……故号君子国。"这句话也反映了儒家经典在新罗的影响之大。李朝建立后，李太祖注意运用儒学教育官吏，并沿袭高丽末期的学制，由中央设置最高教育机构，仍称成均馆。1393年，在地方上，李太祖命令按察使将学校兴废作为考课地方官政绩的依据。李朝还用孔子的文化改善社会民风。此外，李太祖颁发了教令，以十二事晓谕军民，其中一项便是褒奖忠孝节义，具体为："忠臣孝子义夫节妇，关系风俗，在听奖劝。令所在官司，询访申闻，优加擢用，旌表门闾。"李朝将儒家经典广泛传播，使孔子文化不断普及，影响范围更加广阔，同时也使李朝的社会风气得到了优化。

日本是通过朝鲜半岛将孔子文化传入的，所以日本接触孔子文化也比较晚。应神十六年，百济人王仁携带着十卷《论语》和一卷《千字文》等中国传统文献到达日本，从此汉字在日本广为流传，日本开始将汉字作为正式的书写文字，并使用汉字为日语标注音标。日本也因此在宫廷中开始教授孔子文化。孔子文化不仅让百姓得到熏陶，连皇太子也拜王仁为师，皇族和高级官吏的子弟也开始学习儒家经典，品读《论语》。在此后的200年间，日本以百济为纽带学习孔子文化，但是孔子文化传播只在王子的范围里，他们主要学习的是《论语》一书的内容。古代统治者对孔子文化越来越重视，学习的意识越来越强烈，并且利用各种方法大力传播孔子文化，让孔子文化深入人心。

到了公元6世纪初，儒学才作为一种学术思想传入日本，并形成了完整的教育体系。根据《日本书纪》继体天皇七年（513）六月条载，百济"贡五经博士段杨尔"，三年之后（516）"别贡五经博士汉高安茂，请代博士段杨尔"，在此之后才形成以轮代交替为主的制度。钦明天皇十四年（553）派使者前往百济，要求"医博士、易博士、历博士等，宜依番上下。令上件色人，正当相代年月，宜付还使相代"。到了第二年，百济"依请代之"，并且，派出了我国许多博士前往，后续还增加了五经博士、医博士、易博士、历博士等，前往日本学习，互相探讨学术。这体现了我国的博大胸怀，对知识的渴求和对学术的向往。

古天皇圣德太子为孔子文化的传播做出了很大的贡献。圣德太子摄政期间，实施了有利于传播孔子文化的相关政治改革，其中比较著名的是604年的"宪法十七条"，在宪法中不仅有佛教思想，更多的是关于孔子文化，还有一些语句直接来源于儒家经典。安井小太郎说过："圣德太子所定的宪法十七条，除第二条述驾敬三宝外，其余十六条述君民的名分、政治之要和安民等事，都与儒教的大精神一致，又往往采用经书中的语句，如以和为贵（《礼尼·儒行》）、上和下阵（《孝经》）、惩恶劝善（《左传》成公十四年）、勉念作圣（《尚书·多方》）、'公事靡盟'（《诗经·小雅·四牡》）、'使民以时'（《论语·学而》），等等。"并且在大宝元年修改的《大宝律令》中将改革以法律的形式固定下来。另外，《大宝律令》在第二十二条"学令"中对教育制度问题做出了严谨的规定。"学令"中包括大学头、置博士、助教等，教授许多儒家经典，"凡博士，助教，皆取明经堪为师者"这句话可以充分证明。大学寮的教材主要是九经，"凡经，《周易》《尚书》《周礼》《仪礼》《礼记》《毛诗》《春秋左长传》各为一经。《孝经》《论语》，学者兼习之"。710年，奈良时代开始，日本把平城京（奈良）定为首都，孔子文化教育得到大力发展。奈良朝在教育方面遵循的是《大宝律令》，儒家思想和教育方式在日本得到了新的发展。奈良朝十分重视儒家思想中的伦理道德，包括忠、孝、礼等观念，其中孝的观念最为人们所认同。元正天皇养老四年的诏书中写道："人禀五常，仁义斯重，士有百行，孝敬为先。"孝谦天皇天平宝字元年四月，诏曰："古者治民安国，必以孝理。百行之本，莫先于兹。宜令天下，家藏《孝经》一本，精勤诵习。"说的是每一家都要收藏一本《孝经》。自从这一诏令下达，社会就开始提倡孝道，使孝道观念深入人心。平安朝也延续了奈良时期的教育制度和教育方式，并且丰富了大学的内容，扩充了大学寮中的明经、纪传、明法、算四道，其中的明经道最受当时人们的推崇和认可。在明经道中，学者们研究的是九经，包括《诗经》《书经》《易经》《公羊传》《谷梁传》《左长传》《周礼》《仪礼》《礼记》。纪传道研究的是《史记》《汉书》《后汉书》。根据当时社会人们的需要，平安朝依然主张孔子的伦理道德、孝道。天皇本人也带头学习，并且大力宣传和使用唐玄宗御注的《孝经》，提倡把儒家的伦理观念作为民风民俗的基本标准。

在江户时代，幕府的最高学府为昌平坂学问所，即昌平黄。这所学校是完全教授儒学的学校。幕府十分支持儒学的发展，以至于各个藩都开始学习儒学经典。江户初期，藩学的名称还可以叫作的"学问所""稽古所"或者"讲释所"。到了江户后期，学校名称是自经义演变而来，比如"明伦堂""明伦馆""弘道馆""日新馆""崇德馆"等名称。另外，各个地方也都纷纷建立起寺子屋和心学供平民子弟学习，接受儒学的道德思想教育。在江户时代的初等教育机构中，心学也在其中，心学主要是教授儒学修身伦理方面的知识。寺子屋及心学已经在全国各个地方开始传播，而且心学的学习不分男女，可以为社会所有人所研究，这让儒家思想得到普及。

越南和日本相比较，受到中国传统文化的影响比较早，越南曾经是中国的郡县。秦始皇时，象郡在越南北部和中部设立。秦末汉初，秦朝就把赵伦派到南海做地方官，把南海、桂林象郡二郡划分到了中国，并且在公元前207年建立了南越国。汉武帝元鼎五年灭南越国，之后在公元前111年在越南设立交趾、九真、日南三个郡。经历东汉、三国、两晋、南北朝、隋、唐而至五代，越南依旧是中国的郡县，所以中国学者和太守刺史在出任越南时，在越南大力宣传孔子文化，并且通过在民间的互动，让孔子文化深入百姓心中。因出任越南的太守、刺史们的倡导，东汉的郡守特别注重孔子文化在越南的传播，利用孔子文化改善落后的风俗习惯。这一时期，交趾太守锡光和九真太守任延对孔子文化在越南的传播做出了很大的贡献，三国时代的士燮在越南为孔子文化的宣传起到了初步奠基的作用。晋时我国仍然向越南派出刺史、太守等地方官，也允许越南人来到中国参加贡举，还可以在内地当官。孔子文化在每个时代都有所发展，唐朝时期在交州设都护府，地方官注重考核文教，为的是可以振兴儒学。各地都为越南学者开辟科举考试，让孔子文化在越南得到广泛传播。

939年（后晋天福四年），越人吴权独立后，建立吴朝，之后产生的丁朝、黎朝国家寿命都很短暂，记载中只有"观明堂辟雍"。1010年，李朝在越南建立，同时也开始认识到儒学的重要性。古代的例子有李朝太宗（佛玛）天成年间，对付武德、东征、翔圣三王作乱的方法是"张旗帜，整队伍，悬剑戟于神位前，读誓书曰：为子不孝，为臣不忠，神明趣之"。李太宗通瑞五年二月，为了发展农业、繁荣经济，便筑坛祠神农，帝执耒欲行躬耕礼，但是当时有许多官吏劝皇帝不要整天为农事烦扰，李太宗的回答是："朕不躬耕，则无以供粢盛，又无以率天下。"越南建立从中央到地方、从官学到私学的完整的儒学教育制度是从陈朝开始的。在陈朝刚立国之时，太宗完善了国子监在中央最高学府的位置。历史记载：陈太宗天应政平"十二年……重修国子监"。在此之后又建立了国学院，国学院主要是为了讲授中国传统经学。史载：陈太宗元丰"三年（宋宝祐元年）……六月，立国学院。塑孔子、周公、亚圣，画七十二贤像奉事。……

九月，诏天下儒士诣国子院，讲'四书''六经'官学教师必须要能讲透'四书''五经'之义"。史载：陈圣宗绍隆"十五年……冬十月，诏求贤良明经者，为国子监司业，能讲透'四书''五经'之义，人侍经幄"。这些都体现着当时文人学者对古代经典的尊重。

越南早在陈朝就已经实行了太学教育方式，学者如果想要在朝廷中有所作为，就需要通过儒学方面的考试。据古书记载，陈明宗在大庆元年"冬十月，试太学生，赐爵簿书令，命局正阮柄教习。以为他日之用"。当时的皇帝非常重视儒学教育，所以考试期间，皇帝都会亲自监考。陈朝废帝昌符"八年春二月，上皇于迁游山万福寺，试太学生段春雷、黄晦卿等三十名。夏五月，选太学生余数，为德和宫书史"。这句话可以看出儒学教育体系在当时的教育体系中占据着非常重要的地位。陈顺宗光泰十年夏四月，在于州镇设置教授、监书库职位，目的是发现民间的优秀学者。五月，陈顺宗下诏曰："古者国有学，党有序，遂有庠，所以明教化，敦风俗也。朕意甚慕焉。今国都之制已备而州县尚缺，其何以广化民之道哉！应令山南、京北、海东诸路府，各置一学官，赐官田有差，大府州十五亩，中府州十二亩，小府州十亩，以供本学之用。路官督学官，教训生徒，使成才艺，每岁季则选秀者，贡于朝，朕将亲试而擢之焉。"虽然陈朝的诏令没有被充分实施，但陈朝的儒学教育已经形成了一套完整的制度。

明成祖四年至宣宗二年的 20 年间，越南北部在明成祖的统治下，大力发展儒学。史载，明成祖永乐五年在越南诏访"明经博学、贤良方正、孝悌力田"之人送京录用。永乐十五年，明朝学者又有"岁贡儒学生员，充国子监，府学每年二名，州学二年三名，县学一年一名，后又定府学每年一名，州学三年二名，县学二年一名"，并且要求每年在国子监的制度中加入儒学子弟，学习儒家思想文化。这一举措让孔子文化在越南得到传播发展。

在后黎，孔子文化教育有了更大的发展。黎太祖顺天元年在京城设立国子监，设置了祭酒、直讲学士、教授等职位，这是由于接受了纳阮荐的建议，而且在各个路县设立学校，置教职。黎太宗统治时期，为了提高儒学子弟的社会地位，在1434年让国子监生和县生着冠服，并且和国子监教授及路县教职共同着高山巾。另外，黎圣宗为了展现对孔子文化教育的重视并提高儒生的地位，有时会亲自来到学校。史载：黎圣宗"洪德七年春二月，帝亲幸学"，他这样做只是为了监督、督促和鼓励支持国子监中的学生学习儒学。1484年黎圣宗定国子监三舍生除用令，并且依照会试中场的数量把学生分为三舍，这就像是将学生按照成绩分成三个等级。1802年，阮朝依旧延续黎朝的传统，并且更加重视和尊重儒家思想道德。朝臣吴廷价等大臣对皇子在教育方面提出建设性的意见，强烈要求并上奏提出集善堂（诸皇子讲学之处）的规章制度。除此之外，阮朝还主张各级的儒学教育。阮朝嘉隆二年在京城顺化之西建国学，又于全国各营镇置督学，对士子的课堂进行监督和督促，并且学习科目为士法，申定教条，颁布实施。教学内容都是一些经典的儒家著作。嘉定留镇臣阮文仁等上奏提出："为国必本於人才，行政莫先于教化……请宜申定教条，俾多士有所成就。"

2. 孔子文化的传播利用

中国古代选拔人才的方式是科举制度，它在中国影响时间很长，对历史具有推动作用，是一种相对公平的选拔方式。这种制度曾被中国周边的朝鲜和越南所采用，并且效果也很好。在朝鲜，新罗最高领导者利用儒家思想作为选拔人才的标准，希望利用儒家思想培养出对国家有用的人才。据载：元圣王四年，要想有所作为就要努力读书，成为三品之士。要想了解书中意义就要读《春秋左氏传》《礼记》《文选》《论语》《孝经》《礼》《曲礼》等书籍。博览五经、三史、诸子百家的人，就是十分优秀的人。科举制度在朝鲜的发展使孔子文化与仕途相联系，促进了孔子文化在新罗的繁荣。

918年，高丽王朝建立后，为了扩大儒学的传播范围，采取了许多制度、方法，其中利用科举制度是最主要的方法。书中记载："三国以前未有科举之法，高丽太祖首建学校，而科举取士未遑焉"，一直到"光宗九年五月，双冀献议，始设科举。试以诗、赋、颂及时务策，取进士兼取明经医卜等业"，且"大抵其法颇用唐制"。

在高丽科考中，主要内容基本以儒家经典为主，显宗十五年判明经则试五经。宣宗时期的科举考试中更注重的是礼，并且将《礼记》作为大经，将《周礼》和《仪礼》作为小经，三传中将《左传》作为大经，将《公羊传》和《谷梁传》作为小经。在仁宗时期《毛诗》《尚书》《春秋》《周易》四经的考察也包括在其中。为使科举切实起到尊孔崇儒的作用，靖宗十一年四月制定了一个规定：不忠不孝者与五逆五贱部曲乐工的子孙均不许赴举。这项规定让儒家思想切实地渗透进科举考试中。这些制度的实行，让文人学者对孔子文化的学习更具有积极性。

李朝时期，在文科考试中的考试科目主要以对儒经的理解为主，其中生员试和进士试也都把儒家经典作为考试的内容。生员是以考察对儒经的理解认识为主。进士是考察作汉诗文的能力，如果想要进为官员，那就需要生员与进士再参加文科考试。武科考试不仅考察兵学、弓术、骑术等，还把儒家经典文化作为考察方向。因为文武两科考试都考察儒经的学习，所以这就让更多的人学习儒家思想，从而巩固了儒家经典的地位。儒家思想在不断地完善发展过程中，从孔子文化提升为朱熹的理学，但是对孔子文化的传播依然有一定影响。

越南李朝时期在1075年第一次实行科举取士的制度。据载：李仁宗太宁"四年春二月，诏选明经博学及试儒学三场，黎文盛中选，进侍帝学"。在此之后李高宗开始多次用儒经招纳民间人才，如1185年，李高宗"试天下士人，自十五岁能通诗书者，侍学御筵，取裴国汽、邓严等三十人，其余并留学"。将科举制度与仕途相结合，让孔子文化的推广范围更广。

科举制度在陈朝进一步被完善。据载：陈太宗建中八年（七月改元关应政平）"二月，试太学生。中第一甲张亨、刘玻，第二甲邓演、郑缶，第三甲陈周普"，科举制度被人们广泛认可。

在胡朝，科举制度被重新设定和完善，并且不断向各个地方推广孔子文化。史载："胡朝汉苍开大二年，汉苍定试举人式，以今年八月，乡试，中者免徭役。明年八月，礼部试，中者免选补。又明年八月，会试，中者充大学生。又明年再行乡试，如前年。时士人专业，期于进取，止得礼部试，遭乱中止，试法做元时，参场文字分为四场，又有书算场，为五场。"这段记载说明了胡朝虽然很短暂，但是也开设了科举制度，表明当时社会对运用儒家思想考察人才是相当重视与认可的。

科举制度在黎朝得到了完善。黎太祖决定"期以明年五月，就东京，文官考试经史，有精者许文官，武官考试武经"。黎太宗在黎朝初年就确定了"精通经史"为选拔人才的标准，但是这还不是最完善的科举制度。黎太宗在绍平元年才将科举选拔人才作为正式的制度。太宗诏曰："得人之效，取士为先，取士之方，科目为首。我国家自经兵燹，英才秋叶，俊士晨星。太祖立国之初，首兴学校、祠孔子以太牢，其崇重至矣。而草昧云始，科目未置。朕纂承先志，思得贤才之士，以副侧席之求。今定为试场科目，期以绍平五年，各道乡试，六年会试都省堂。自此以后，三年一大比，率以为常。中选者，并赐进士出身。所有试场科目，具列于后第一场，经义一道，'四书'各一道，并限三百字以上；第二场，制、诏、表；第三场，诗赋；第四场，策一道，一千字以上。试吏员，考暗写，一等补国子监，二等补生徒及文属。"其中被选中的人才分为三甲，第一甲是进士及第，第二甲是进士出身，第三甲赐同进士出身。黎仁宗时，前三名又分为状元、榜眼、探花三种。这些制度建立之后，科举制度在黎朝才得以完善。以科举制度为主的选拔人才方式，极大地提升了孔子文化的影响力。阮朝的取士制度也依然仿照前朝。阮世祖时开创了以乡试会试的方式选拔人才。阮圣祖明命十三年十月，定乡、会试法三场。另外阮翼宗时，颁布了新的选拔制度，即除授之法，其中把考中的人分为教授、编修，并升知县知州等。科举制度被阮朝历代所运用，考试内容一直以"四书""五经"为主，所以越南自通都大邑到穷乡僻壤，官民子弟都争先恐后地学习儒家经典，想利用自身的努力考取功名。

3.各国来华学习孔子文化

古代中国由于受"礼闻来学，不闻往教"的传统思想影响，所以显得相对封闭，以至于不能主动向其他地域国家传播孔子文化。这样的情况让周边国家实行"拿来主义"，孔子文化在东亚一些地区传播，并且对东亚地区产生一定积极作用。这种"拿来主义"，具体地说，就是其他国家主动派遣使者和留学生来学习中国传统文化，包括孔子文化，日本和朝鲜就是明显的例子。据载："二十三年……王遣子弟入唐，请入国学。"早在唐朝，朝鲜就开始多次向唐派遣留学生。后期又派学者到宋朝入国子监学习中国传统文化，学习和参加中国的科举。在高丽景宗元年又有记载称"遣国人金行成人就学于国子监"和"太平兴国二年，……行成擢进士第"；雍熙三年又有"十月……又遣本国学生崔罕、王彬诣国子监肄业"。淳化三年，宋太宗又说过"诏赐高丽宾贡进士王彬、崔罕等及第，既授以官，遣还本国"。宋徽宗崇宁二年高丽王侯也说"令士子金瑞等五人入太学，朝廷为置博士"。到高丽末年，来明的学生人数更多。如"明太祖五年，表请遣子弟入太学，……贡使洪师范、郑梦周等一百五十余人来京"。百济武王四十一年"二月，遣子弟于唐，请入国学"。这个时期是百济向唐派遣留学生的最初阶段。这些举措使得孔子文化在百济不断传播，到7世纪中叶孔子文化在百济的影响达到了顶峰。

新罗也曾派遣自己国家的学生来到中国学习孔子文化和中国传统文化。这一观点在书中有记载"九年夏五月，王遣子弟于唐，请入国学"。孔子文化的风气逐渐发展是在新罗统一后。在新罗孔子文化发展也是相当快的，如"唐开元十六年，遣使来献方物，又上表请令人就中国学问经教，上许之"和"唐开成二年三月，……新罗差人朝宿卫王子，并准旧例割留习业学生，并及先住学生等共二百十六人，请时服粮料"。这两处记载可以充分证明孔子文化在当时新罗的发展水平。当时新罗派大量人员到中国学习传统文化和孔子文化，在840年一年之内派往中国唐朝的留学生达到105人。唐朝的科举制度可以允许新罗人民来到本国考取仕途，因此当时不少新罗人来到唐朝参加科举考试。因为唐朝实行开放的制度，所以自821年以后，新罗人中有很多都考取了官职，如金云卿、崔致远、崔匡裕等，其中崔致远的名声最大。

日本留学教育的产生要早于朝鲜。日本在当时非常重视对孔子文化的学习，所以在圣德太子时期，就派大量的留学生到中国学习孔子文化。日本在推古天皇十五年和十六年期间曾两次派小野妹子到中国学习孔子文化。之后还派了高向玄理、南渊请安、僧旻等八名留学生和学问僧同行，使日本成为到中国学习孔子文化人数最多的国家。除了派留学生到中国学习外，日本和中国还有许多非正式的交往，具体表现在日本让留学生和学问僧来到中国学习中国传统文化和孔子文化，这些留学生、学问僧经过学习探讨研究后回到日本受到日本朝廷的重视。这些留学生对传播孔子文化有着重要的作用，与此同时还促进了两国的经济政治往来。日本设置官治最早是在孝德天皇大化元年。南渊请安从中国学习后回到日本，通过自己的学习内容和探究撰写了许多书籍，并且成为日本有名的大儒学家。公元645年，日本皇极女皇让位于孝德天皇，建元大化时期，任命僧旻、高向玄理为国博士，他们的主要任务是对日本的经济政治制度进行改革。另外，在大化二年，孝德天皇发布了大化改治新的诏令。在日本这一巨大的社会变革中，孔子文化起到了积极的促进作用。

大化改新之后，日本国内大力发展儒家思想，支持人们学习孔子文化，让孔子文化得到了空前的发展。在630年，日本第一次派出犬上御田锹作为使者到中国进行交流学习。到894年的200余年间，日本曾派学者到中国学习次数达19次之多（正式派遣并到达中国的为13次）。在日本的奈良朝也同样重视孔子文化的传播，为了学习孔子文化也前后多次派出学者到中国学习探讨学问。来到中国学习的日本学者们一般都是来到长安，在国子监所属六学馆之一学习儒家经典文化。日本派出的学者中，为日本做出较大贡献的就是吉备真备。在回到日本后，他被日本天皇任命为大学助教，让他教400名学生学习五经、三史及其他在中国学到的技艺。他曾经还被封为东宫之师，在孝谦女帝的少女时代向她传授自己学到的儒家思想文化。据载："孝谦帝在东宫，为学士，授《礼记》《汉书》，恩宠甚渥。"吉备真备还通过自己所学撰写出关于儒家思想方面的文学著作，其中一本《私教类聚》就是教导人们终身遵循儒家道德，以儒家思想作为道德生活准则。

4. 儒学经典和孔子文化的传播

儒家的哲学思想是孔子文化的核心内容，而儒家典籍则是哲学思想的载体，所以儒家经典书籍为孔子文化在东亚地区，如朝鲜、日本、越南等地的传播做出了很大的贡献。

儒家经典书籍在高丽地区的流传使孔子文化在高丽被大为传播。宋朝初年是禁止书籍传播到其他国家的，但是在10世纪，中国却只对高丽国家开放禁令，这一历史事件在高丽有所记载。比如，宋淳化四年高丽派学者到中国就记载："上言愿赐板本《九经》书，用敦儒教。"宋大中祥符九年，高丽又派本国学者到宋朝学习孔子文化，并且宋朝皇帝赐他《九经》和《史记》等书。在宋哲宗登上皇位时，又赐给高丽学者《文苑英华》一书。1314年，元世宗再次赐给高丽宋秘阁旧藏的善本书4371册。同样，明太祖二年又赐高丽"六经、四书、通鉴"。当时中国统治者还下令允许高丽人在本土购买孔子文化的史书典籍。根据记载，宋元祐七年，高丽曾经派黄宗来到宋朝"请市书甚众"，后"卒市《册府元龟》以归"。高丽宣宗时"每贾客市书至，则洁服焚香对之"，这些记载可以证明当时高丽对中国传统文化和孔子文化的重视。在宋朝的开放制度下，中国的儒家经典书籍逐步输送到高丽地区。但是从中国传入的儒经已经完全不能满足学者们的学习研究，所以高丽成宗九年在西京设置修书院，主要目的是让学者们大量抄写与孔子文化相关的史书典籍。文宗十年，西京留守上奏文宗认为抄写中国孔子文化典籍是存在弊端的，他说"京内进士明经等诸业举人，所业书籍，率皆传写，字多乖错"，于是高丽人民又发明了木版刻印。从此，中央和地方都开始对中国的儒家经典进行木版翻刻。但是木板印刷的印数有限，还不能完全满足人们对儒学的学习要求，所以高丽在13世纪中期引进了中国11世纪中期发明的活字印刷技术，大大地增加了印刷数量。高丽又于1392年设置书籍院，目的是专门铸铜进行活字印刷。印刷技术的不断革新使儒家经典被大量翻刻，同时也使孔子文化得到发展的机会，让更多国家的人能够接触并学习孔子文化。李朝时期大量印刷儒家经典，让孔子文化的学习更加方便。1403年，太宗说："凡欲为治，必博观典籍，然后可致格治修齐治平之效，然书籍甚寡，故欲铸铜为字，印行所得之书。"所以当时李朝开设铸字所，铸铜字为的是能够更多地印刷儒家经典。这进一步促进了孔子文化的传播。

大量向奈良朝输入儒家经典也使孔子文化得到了发展。史载："他们所得锡赉，尽市文籍，泛海而还。"意思是每次在派遣留学生到中国学习的同时，都令他们带回大量的儒家书籍和经卷，并进行抄写。到了奈良末期，儒家经典已经广为人知。据载："神萨景云三年，太宰府言：府库但蓄五经，未有三史正本伏乞列代诸史各给一本，……诏赐《史记》《汉书》《后汉书》《三国志》《晋书》各一部。"到了平安时代，日本继续派往学者到中国学习传统文化，引进儒家经典。例如，天皇宽弘三年，宋商令文将《白长文集》及五臣注《文选》赠送给摄政藤原道长。另外，在天皇万寿年间，辅亲将从中国宋代商人中购买的《白长文集》等书籍献给了朝廷。日本平安朝时期也多次派遣学者从中国带回儒家经典书籍。这些历史事件在古书中的记载为："雍熙元年，日本国僧裔然与其徒五六人浮海而至……裔然善隶书，而不通华言，问其风土，但书以对云：'国中有五经书及佛经、《白居易集》七十卷，并得自中国。'"又有："其国多有中国典籍，裔然之来，复得《孝经》一卷、《越王孝经新义》第十五一卷，皆金缕红罗标，水晶为轴。"日本从中国大量引进儒家经典书籍，为孔子文化在日本的传播提供了机会。

儒学在江户时代的发展主要得益于对儒家书籍的大量引进和翻刻。清朝建立以后，制定了一项政策：解除海禁。这让日本等国家与中国的经济、政治来往沟通更加密切，也让中国的古书大量销售到国外。清代康熙、乾隆年间，编纂事业的发展规模不断扩大。这一发展使中国古书大量传播到日本，其中《古今图书集成》传入的时间最早，明和元年全书一共一万卷，通过清朝商人全部运往日本，并将这些书籍典藏在江户文库中。1835年《皇清经解》全书1400

卷也通过中国商人传入日本。高仓天皇统治三年，清盛获得中国的《太平御览》一书献给安德天皇。日本在其后对这些书籍进行翻刻的过程中，如江户昌平校或者圣堂官板翻刻的书籍中，清人的著述有数十部。

日本明治维新以后对儒家经典的翻译，以注释和研究工作最为积极。据胡道静的研究，日本是翻译我国古书最早、最多的国家。孔子文化在日本明治维新后得到大力发展。

越南获得儒家经典书籍在记载中最早是黎朝末年时期，其中写道："黎帝龙铤应天十四年春，造弟明诞与掌书记黄成雅献白犀于宋，表乞九经及大藏经文，宋帝许之。"另外据《宋史真宗本纪》一书中的记载："景德四年七月乙亥交州来贡，赐黎龙铤九经及佛长书。"这两本书中所记载的情况大致相同。

为了让孔子文化也能在越南发展，李朝派贡使将书籍传入，据载：宋徽宗"大观初，贡使至京乞市书籍，有司言法不许，诏嘉其慕义，除禁书、卜筑、阴阳、历算、术数、兵书、敕令、时务、边机、地理外，余书许买"。说明在当时的制度中，儒经是可以进行购买和传播的，并不在禁止的范围之内。《宋史神宗本纪》记载："元丰元年曾诏：除九经外，余书不得出界。"这句话也说明了当时宋朝统治者是允许孔子文化进行自由传播的，这也为孔子文化传入越南提供了契机。

黎朝时，明商将很多东西从中国运往自己的国家，其中就包括大量书籍。每当明商把书运到越南时，越南人不论价格高低都会大量购买。史载：越南"士人嗜书，每重货以购焉"。又有记载：越南递年差"使臣往来，常有文学之人，则往习学艺，遍买经传诸书，并抄取礼仪官制"。这些记载说明了儒家经典不仅通过中国商人传播到其他国家地区，还通过越南人自己前来购买大量史书典籍等途径使孔子文化在其他地区传播发展。还有一记载为："越南于明英宗天顺二年，遣使入贡……其使乞以土物易书籍、药材，从之。"这说明当时黎王还通过朝贡的方式换取中国的儒家经典书籍。但是通过这些方法从中国得到的书籍数量有限，不能满足他们的需要，因而随着印刷术的传播发展，在15世纪以后儒家经典书籍在越南流通的数量越来越多。据载：1435年新刊《四书大全》板成。黎圣宗于光顺八年夏四月说过"颁五经宫板于国子监"，又于后黎朝继续推进："永庆三年夏四月，命阁院宫校阅五经本，刊行颁布。"之后，黎朝纯宗"龙德三年春正月，印五经板，颁布天下，王亲制序文。五经板成，命藏于国学"。同年，印刷了《五经大全》及"四书"、诸史流通于当地各个学官处，史载："黎纯宗龙德三年春正月，颁《五经大全》于各处学官。先是遣官校阅五经北板，刊刻书成颁布，令学者传授，禁买北书。又令阮效、范谦益等分刻'四书'、诸史、诗林、字汇诸本颁行。"充分表明儒家经典文化在越南不断发展壮大。

5. 祭孔与孔子文化发展的关系

文庙是孔子文化的物质载体和象征。文庙是用来祭祀孔子及历代先贤先儒的地方。祭祀文庙的礼仪是"释奠礼"，而"释奠礼"是中国传统社会的"国祭"。文化史上比较独特的方式是文庙释奠礼，它出现的时期虽是在上古时期，然而它的雏形可以追溯到孔子去世的鲁哀公十六年（前479）；但在此之后，它的发展越来越偏向于国际化。在公元3世纪左右，文庙祭祀就已经在当时为中国郡县的朝鲜多次举行，另外新罗开设文庙是在其国家独立后的8世纪举行释奠礼。日本举行释奠礼是在大化改新时期，并且在江户时期有许多孔子庙被建立起来。最晚建孔庙祭祀孔子的是11世纪的越南地区。孔子文化的促进，其中比较重要的一点是释奠礼在各个国家的建立和发展，并且延续至今都没有摒弃，这让孔子文化不仅在当地有了知名度，还让孔子文化的影响力大大提高。在新罗地区，因为儒学的发展使孔子文化的影响力也提高了。新罗真德王二年金春秋至唐，不断治理国学，观释奠，一直有释奠之礼。717年，在孔子文化的发展影响下，新罗的太学里也挂满了孔子和他弟子的画像。有古书记载："圣德王十六年秋九月，入唐太监守忠回，献文宣王、十哲、七十二弟子图，即置于太学。"

高丽时期，孔子文化的地位不断提升，也得到了大多数人的认可。朝鲜太学开始对孔子进行奉供。据载：高丽"国初肇立文宣王庙于国子监"。983年，博士任成壹从宋取回文宣王庙图。成宗十一年，国子监里建造文庙并成为国家的最高学府。1091年将七十二贤的画像挂在国子监里，以表示对孔子文化的重视。孔子文化的进一步发展是新罗时期，人们将孔子的画像改为孔子塑像，并效仿中国将孔子叫作文宣王，加谥"玄圣""至圣""大成"。高丽文宗时期，统治者也亲自到国子监称孔子为百王之师，对孔子文化表示深深的尊重。1267年又将伟人颜渊、曾子、子思、孟子等人的画像改为塑像，并让人们到文庙供奉。至于民间，高丽恭愍王时期，陪鲁国长公主下嫁到高丽的元朝的翰林学士孔子五十四世孙孔昭,居住在水源,并建设阙里庙,以供奉孔子像,开始了民间祭祀孔子的活动。李朝时期,最高统治者非常重视对孔子的祭祀活动。对这一事件有相关的记载:"王时时亲行释奠,或不时幸学,与师儒讲论,或横经问难,或行大射礼,或亲策儒生。"孔子的地位大为提高,朝野祀孔之风极盛。李世祖时规定世子冠礼为戴儒冠入太学行谒圣礼,称孔子为"素王"。史载世祖十一年上(世祖)曰:"……我将定易口诀后,率汝幸弃宫释奠素王,著汝以儒冠,与儒生齿坐,横经问难,大宴诸生。"在此之后,先行谒圣便规定成制度。李太祖自从建立王朝开始就在京城建立了文庙,以便世代对孔子以及古代伟人进行祭祀。文庙中的规格也仿照了中国的规制,不同的一点是在配享者中增加了朝鲜的名儒。文庙的正中被称为大成殿,大成殿正位是"大成至圣文宣王",殿后叫作明伦堂。殿内有"四圣",从享有"十哲"。东西两房从祀有澹台灭明等各五十余人,其中包括宋朝的"六贤"。其他地方也建有地方文庙,只是规格略低于中央的文庙。李朝的祀孔情况在书中的记载是:"祀以仲春仲秋上丁日,币用黑,牲用辟牛一、羊一、豕四、逸豆各十、尊实六,乐用雅部,舞用六僧,王冕服酌献出,易翼善冠衮龙袍还宫。"李朝对中国孔子文化的崇拜不仅体现在建立文庙方面,还体现在模仿中国建启圣祠上,这些都使孔子文化的影响更加广泛。

李朝太宗九年,在京城府崇三洞设计的经学院文庙牌中记述了孔子文化在朝鲜地区的发展促进情况和李朝君臣百姓对孔子文化的尊重认可情况,其碑文云:"圣莫如夫子,师莫如夫子。大而国学以至术序皆有夫子庙。夫子窥然当坐,门人弟子列配左右,历代群贤从享两房。天子以下,忙面跪拜,礼视师生,……自生民以来未有盛于夫子也,于是有三老五更之礼,于是有成均造士之法,学校之制始如大备,而君臣父子夫妇长幼朋友之大伦,修身齐家治国平天下之大经,皆由此出。夫子道益尊于万世,夫子之泽益流于无穷,如天地之无不覆载,如日月之无不照临。"

"文武天皇大宝元年(701年)……二月丁巳,始释奠先圣先师于大学寮。"这里说的是孔子庙在日本的设立时间大约为8世纪初,当时的日本正在进行大化改新运动,祭祀孔子的习俗得以在日本逐渐发展起来。所以,大学及国学在每一年的春秋两个季度分别进行两次释奠活动。"学令"中规定:"凡大学、国学,每年春秋二仲之月,上丁释奠于先圣孔宣父,其馔酒明衣所须，并用官物。"日本把孔子作为自己国家的至圣先师。748年，在奈良朝接受采纳吉备真备的建议后，将释奠的服器和仪注进行改进和更新，对这一事件的记载为："初大学释奠，其仪未备，真备稽礼典，重修之，器物始备，礼容可观。"释奠刚开始举办时所需要的器物都非常简单、普通。由于日本对孔子文化十分重视，因此孔子在日本的地位是非常高的，并且受到了日本人民的尊崇。

祭祀孔子的活动在平安朝也有所发展。大学释奠开始的时候，当地祭祀的人物只有孔子一个人，直到平安朝贞观年间，祭祀人物中又增添了颜子和闵子。直到延喜年间，才将八哲加进祭祀的行列之中。先圣居中，颜渊、闵子骞、冉伯牛、仲弓、冉有座于先圣东，季路、宰我、子贡、子游、子夏座于先圣西。释奠的时候规矩有很多，其中由大学头第一次进献，其次是大学助，最后是博士，手里拿多少器具等都是有一定规定的，仪式非常隆重。对于释奠祭文，大学使用天子的名义，祭文中的内容主要是对孔子的文化进行赞扬和认可，表达自己对孔子的崇敬心理。释奠活动和讲经活动需结合起来举行。

根据记载："承和五年八月丁亥，释奠文宣王也。戊子，天皇御紫宸殿，召大学博士、学生等十一人，递令论堆昨日所讲《尚书》之义，赐禄有差。"可以得知在大学释奠结束后，天皇还要召博士学生等入宫进行讲经。但是各个国家地区对国学释奠之礼没有形成统一的标准，直到清和天皇时期，开始颁七道诸国释奠式以统一释奠式在各个国家的标准，据载："贞观二年八月癸丑，新修释奠式，颁下七道诸国。"自从下令后诸国都遵照并实施。平安中期以后，日本注重强调发扬自己国家的风俗特色，但大学和各地国学祀孔活动依然被参照举行，对孔子文化的学习热情也没有减少。江户时代，幕藩极力支持发扬儒学，所以祀孔的习俗盛行起来。宽永九年，德用义直在首都江户的上野忍同第一次建造先圣殿，奉祀主要是对先圣孔子，另外还有颜、曾、思、孟。据载："宽永九年壬辰冬，尾张公源义直于林信胜（罗山）赐庄造营庙宇，安置宣圣及颜、曾、思、孟诸像凡五躯。按前是庚午赐忍闪别庄及二百金于信胜，以筑学舍，越九年三辰冬，尾张公即其庄地营造庙宇，并置祭器，及圣贤绘像二十一顿，令信胜以时举祀。"到了第二年，朱子学家林罗山为献官释奠孔庙，史载："宽永十年癸酉二月十日，始释奠孔庙，林信胜献官释奠孔庙防（始）於此。"这就是幕府官学举行释奠的最开始情况。另外又记载称："宽永十二年乙亥二月，释奠孔庙，林信胜讲经。按释奠说经防于此。"在此之后还有一项规定是释奠每年以春秋二仲。史载："万治二年己亥二月，释奠孔庙，林恕献官，八月释奠，自是每岁以春秋二仲为定式。"到了宽文元年六月，幕府对先圣殿进行大规模的修建，并改名叫作"大成殿"，另外包括其他相关的建筑并将它们一起叫作"圣堂"。

元禄三年，幕府五代将军纲吉把圣堂从上野迁移到了汤岛，为的是扩大圣堂的规模。当时把孔子及四配木刻像放置于大成殿，并绘制七十二贤及先儒画像挂在东西两房，表示对孔子文化的重视。在这一年，大学头让任林信笃担任，并且他的主要工作是昌平学，在这项活动中将军也将亲自参加释奠。在此之后，圣堂曾经遭遇过几次火灾使其破坏，但是不久朝廷就派人把圣堂修复，直到现今仍然完好。幕府将军极力倡导学习孔子文化，并且要求地方诸藩建立孔庙，从此孔子文化在日本不断繁荣起来。日本在经历明治维新运动之后，统治者主张奉行孔子的教育理念，要求人们饱读孔子相关书籍并尊重孔子思想理念。在历代王朝中，孔庙一直被不断修建完善，另外的祀孔活动也被一直延续。但是因为时代不同，统治者观念不同，所以对祀孔活动的重视度不一样，繁盛程度也不一样。其中汤岛圣堂是日本建造的规模最大的孔庙，这座孔庙是在日本明治维新活动后建造的，它反映出了对孔子文化和祀孔活动的重视程度。1936年，武纯仁对此有详细记载，记载中写到了汤岛圣堂的外部景观，还写到了由于"维持世道人心"在汤岛圣堂进行了多次祀孔活动，还有为了体现孔子的地位，为孔子树碑，并且不断宣传孔子经典儒家文化思想。在地方也有许多圣庙被保存下来，其中包括杨木县足利市足利学校、水户市旧弘道馆、闪山市闲谷簧和九州佐贺县的圣庙等。

祀孔活动在越南发展比较晚，李圣宗时期是孔庙祀孔活动的最早记载"神武二年（宋熙宁三年）……秋八月，修文庙，塑孔子、周公及四配像。词七十二贤像，时享祀，皇太子临学焉"；1171年，李英宗时又有记载称"修文宣王庙殿"。祀孔活动的实行是在陈朝建立初期，也是儒学地位不断提高的时期。陈太宗在元丰三年设立国学院，建造了孔子、周公、亚圣的雕像，绘制了七十二贤画像，陈朝从艺宗开始就依照越儒来祀文庙。后黎时期，因为孔子文化地位大大提高，有着独尊的地位，所以孔子的影响也更为广泛。黎朝时期开国君主的主张是对孔子进行礼祀，但是到了太宗绍平元年"亲率百官谒太庙"，开始实行释奠。在此以后，释奠也成了一项制度。黎圣宗特别尊崇孔子，并在洪德三年定下了祀祭的制度，规定每年春秋二仲都要对孔子进行祭祀，也促进了孔子文化地位的提升。洪德十四年"作文庙大成殿，并东西房，及更服殿，书板库，祭器库，明伦东西堂"，第二年又"作文庙大成殿，并东西虎、更服殿、书板祭器库、明伦堂、东西讲堂、东西碑室、三舍生学房及诸门、四围绮墙"。孔庙在黎朝时期的发展过程中经过了多次的修葺、扩建，使其规模越来越大。黎显宗景兴十六年，又对在文庙祭祀孔子时所着衣服做出规定，将其规定为成王者之服即衮冕服。越南历史中就有明确的相关记载：景兴十六年十二月，"初制文庙衮冕服。政府阮辉润上言：圣人万世帝王之师，向来文庙循用司衮冕服，非所以示崇重。乃命改用衮冕之服。文庙用王者服自此始"。除京都之外，地方也普遍建有文庙。史载越南"崇儒教，交州有田学、文庙，各郡县皆建学，祭祀、配享俱如中国"。这一风俗让孔子文化在越南地区的地位不断升高，尊孔思想深入人心。

祀孔活动在阮朝举行得最为隆重。嘉隆二年正月记载有"置文庙礼生五十人，监校一人，典校二人，庙夫三十人，命诸营镇各立文庙，庙置典校二人，礼生、庙夫各三十人""帝崇尚儒术，垂情礼乐"。在1808年，仿照明嘉靖制，把以前的文宣王称号改成立神主，称"至圣先师孔子"四配、十哲、先贤、载：嘉隆七年七月，十哲、先贤、先儒，圣祖阮福晈曾亲自下旨文庙躬亲释奠。史载：明命三年，"文庙春祭，帝亲诣行礼。谕礼部：朕即位之初，常欲躬亲释奠，少仲景仰……今国事全吉，恭诣行礼。凡祭品祭器并要精洁，分献陪祀百官各敬谨其事，用称朕尊师重道至意"。经过历朝历代对孔子文化的传播学习，孔子的地位越来越高，孔子在越南的影响也越来越广泛。

孔子文化在"东亚文化圈"传播的途径有很多种。其中，推行儒学思想的方法是经过统治者的各种政治制度来进行的，如官办儒家教育、科举取士、广修文庙、祭祀孔子等活动制度，让孔子文化在各个国家不断传播。另外，在民间也有学者互相往来探讨学术，学习输入和翻刻儒家典籍、社会性教化活动等。无论是在朝廷还是在民间，孔子文化都得到了广泛的认可。

（二）孔子文化在欧洲的传播

因为中欧之间路途遥远等一些阻碍，孔子文化在欧洲等国家传播得相对较慢，但是到了 16 世纪末期，孔子文化在欧洲的传播开始有所进展。孔子文化在欧洲地区的传播与从东方传播的方式大同小异，其中相同的一点就是都不是主动传播的。在孔子文化传播过程中，传教士起着极为重要的作用。除传教士之外，还有通过海外华人对孔子文化进行传播。孔子文化在欧洲传播之后影响非常大，其中最重要的就是促进了欧洲的启蒙运动。但是，因为欧洲殖民主义的兴起和中国的衰败，对孔子文化不断产生负面影响。直到新中国成立后，孔子文化才被学者们取其精华去其糟粕，价值得到正视。

1. 传教士对孔子文化传播的作用

欧洲在新航路开辟和发现新大陆后，各个国家开始对东方一些国家进行殖民侵略。1579 年，意大利传教士第一次来的就是中国澳门。1582 年（明万历十年），利玛窦来到中国学习钻研孔子文化，1595 年，他在中国南昌刊印了《天学实义》等中国国学经典（后改为《天主实义》），之后该书经过多次翻版翻译到世界各个地区，并且他把儒家理论和基督教教义相结合，将儒经中所称的上帝叫作天主。利玛窦还将自己所学到的儒家经典介绍给自己国家和欧洲其他国家，促进各国对中国的了解。1594 年，儒家经典第一次被翻译成拉丁文的书是利玛窦出版的"四书"。在 16 ~ 17 世纪之间，孔子文化开始传入意大利。作为一种新思想，孔子文化在意大利的影响力大大提升。儒家没有偶像崇拜，只有对祖先怀念的祭祖活动，没有鬼神之说，所以说孔子文化与宗教是完全不同的。利玛窦对儒学的认识是孔子文化作为一种自然法则基础的哲学学派，经过多年，他依然保持着教徒传统的"祭孔祭祖"习俗。在中世纪神学统治时期，这一举措对意大利乃至整个欧洲的影响是非常大的。利玛窦对儒学的研究、学习和翻译，使他获得了"博学西儒"的雅号，在意大利国内影响较深；他虽然是基督教的传教士，但是他对孔子文化非常尊重、认可，他还把儒学和天主教义相结合，使基督教精神与中国儒家思想共同发展，因此后来有了"基督教的孔子"之称。在他之后还有许多传教士想把儒学经典和天主教义发扬完善，这促使许多学者都去研究孔子文化，从而大大促进了孔子文化的发展。其中，研究比较透彻、贡献较大的有艾儒略和殷铎泽。艾儒略对"四书""五经"有深入的研究考察，并根据自己的学习写出了三十余种相关方面的书籍。他和利玛窦的相同之处在于他也在自己的著作中引用了大量的儒家经典知识。艾儒略早在 1625 年就开始在福建等地进行孔子文化的讲学传教，并且被闽中人称为"西来孔子"。在 1662 年，殷铎泽将《大学》《论语》等经典著作翻译成拉丁文。1672 年，他出版的法文版本的《中庸》一书的末页处也附有拉丁文和法文的《孔子传》。他所写的这本书在内容方面是向西方国家讲解和渗透关于中国的儒家思想，还向西方人介绍孔子这个人的历史和丰功伟绩。1687 年，他与比利时传教士柏应理、鲁日满，奥地利传教士恩理格等人一起编写的《中国之哲人孔子》也被翻译成拉丁文，并大量在法国巴黎出版销售。图书小标题是西文的《四书直解》，并且里面也对《孔子传》及周易六十四卦的含义进行了解释，书中还有大量的孔子画像，上书"国学仲尼，天下先师"。这本书在欧洲地区的大量销售，使其成为欧洲对"四书"和《孔子传》介绍最为详细的一本书。这本书让欧洲学者对孔子有了初步的认识，并且将孔子作为天下先师及道德与政治哲学上最伟大的学者。意大利学者利奥纳·格兰乔蒂曾经评价该书："当 1687 年出现了《中国的儒家哲学》，即由神父柏应理、德赫迪希、殷铎泽和鲁吉蒙特完成的'四书'翻译本时，对儒教的颂扬达到了最高峰，只要读一读保罗·贝奥尼奥·布罗基耶里著的《论孔子和基督教》就很清楚了。"

　　通过传教士们的翻译，意大利等西方国家了解了中国文化的博大精深。这些学者对中国文化以及经典著作的传播，让更多西方人对孔子文化有了初步的认识，即使在他们的著作中对孔子文化的介绍比较简单、肤浅，甚至还有一些错误，但是都起到了不同程度的普及作用。意大利对孔子的学习之风过后，法国的传教士也纷纷来到中国，并对中国的文化进行效仿。从 1611 年到 1773 年，耶稣会派遣多名法国传教士到中国学习古典文化，其中最为出名的是金尼阁。金尼阁的主张与利玛窦一样，要求孔子文化与基督教教义相结合，共同发展。他在利玛窦的基础上提出了许多自己的观点，具体表现在他于 1626 年将"五经"翻译成了拉丁文，但是翻译成文的书籍在后来的传播中散失了。后来，法国又派其他传教士来到中国探讨学习中国儒学经典文化，并对孔子文化进行了相当高的评价。1698 年，马若瑟和白晋一起来到中国访问。马若瑟是非常尊重孔子文化的人，他十分了解中国人祭祖尊孔的习俗，并且精心研究和探讨了中国古书中的《书经》，著有《〈书经〉以前时代及中国神话之研究》。1720 年，罗马要求马若瑟回国，那时候他对教会员司说，天主教的教理在中国很多古书中都有记载，特别是孔子之"经"中所包含的一些论述让法国对孔子文化更加欣赏、认可。在此之后，殷弘绪翻译了朱熹的《劝学篇》，赫苍壁选译了《诗经》和刘向的《列女传》，冯秉正将《通鉴纲目》十二卷翻译成法文，钱德明著有《孔子传》《孔门四贤略传》等，让中国国学经典在西方国家得到了大力宣扬。

将儒家经典书籍翻译成法文的不仅有法国传教士，还包括其他国家的传教士，影响极为广泛。比利时的传教士卫方济把《大学》《中庸》《论语》《孟子》《孝经》《三字经》等翻译成法文，将它们叫作"中国六大经典"，并于1711年在比利时出版发行。传教士们不仅对孔子文化的相关书籍进行翻译，他们还亲自写书介绍孔子文化的相关知识。其中，三大名著包括《中华帝国全志》《耶稣会士书简集》《北京耶稣会士中国纪要》。在《耶稣会士书简集》中就有十六封关于传教士对中国孔子经典的相关书信；《中华帝国全志》在法国出版后，又有英、德、俄等国家对该书进行了翻译传播，书中包含大量的孔子和康熙像，并且在第二卷详细地讲述了儒家经典诗书和教育方式。这两部著作在之后的法国和欧洲等地的作用非常大，其中伏尔泰、霍尔巴赫、魁奈等人的思想观念就受到了孔子文化的影响。德国第一次接触孔子文化也是以耶稣会传教士的方式。法国在1735出版的杜赫德的《中华帝国全志》一书中记载称，在1747年至1749年之间就有孔子文化翻译成德文的相关证明，并且在1798年对《论语》一书进行了翻译。另外，柏林上俗博物馆的爱尔悟斯研究并翻译了《中庸》一书，汉堡大学的佛兰惜也把《春秋繁露》翻译成德文。孔子文化的译著被大大推广，使德国人对孔子文化有了初步的了解。

以花之安和安保罗对孔子文化的研究最深。1884年花之安创作出《自西徂东》一书，并在香港大量出版销售，1888年曾在上海重新翻版印刷。该书一共包括五卷内容，即"仁集""义集""礼集""智集""信集"。

在1899年，卫礼贤也对孔子文化和儒家经典进行过深入的研究。另外，卫礼贤还曾经在民国初年将《论语》《孟子》的部分内容翻译成德文，把《大学》《中庸》《易经》《礼记》《吕氏春秋》等全文翻译成德文。1961年，他的后代还发表了他生前翻译的《孔子家语》一书。他在1923年还担任过北京大学教授，后来才回到德国。回国后他仍然没有放弃对孔子文化的研究，并于1924年在法兰克福大学的汉学研究机构担任教授，后来还创建了中国学院及汉学杂志以传播中国传统文化的精神，卫礼贤多年来通过对中国孔子文化进行学习和研究，得出孔子文化的一些精髓部分与西方文化的发展相比有许多优点，并创立儒家经典书籍的阅读风尚,还让自己的儿子也从事汉学研究,从而让孔子的地位不断得到提升。

18世纪60年代,英国进行了工业革命。当时英国资产阶级需要广大的市场,其中中国市场最大,为了打开中国的大门,他们派遣传教士前往中国。1807年(清嘉庆十二年),马礼逊来到中国并在1824年带走中国一万卷书籍回到英国,带回的书中包括大量儒家经典。在此之后又有许多孔子文化书籍传入到英国并被收藏在英国博物馆和大学中,其中不少都是很珍贵的书籍。比如,徐光启《诗经传稿》(清康熙十二年刻本)现存的唯一一本藏于牛津大学。这对孔子文化在英国的发展和英国对中国的了解有一定作用。所以,英国在对中国发动的鸦片战争中就发现,对中国的侵略征服用武力是不能实现的,其中最重要的原因就是中国受儒家文化传统思想抵制侵略的影响极大。因此,传教士们加强了对孔子文化的研究。庄士敦说:"中国政教文化基于孔教,……外教无论如何优美,亦不可与孔教并峙于中国。"庄士敦就派陈焕章担任孔教的"讲经大师",他认为"'四书''五经'是中国教育的特色",犹希腊、拉丁文属于英国教育特色,他认为要经过研究不断了解孔子,并与英国文化相结合。

英国人也逐渐认识到学习孔子文化是很重要的。1861年,雷祈对"四书""五经"进行了研究翻译。在1873年,理雅各回到英国后,大力促进英国和中国之间的贸易及文化往来,加强本国学者对孔子文化的研究学习。理雅各还翻译了中国的《十三经》等10多种经书供国内学习。吉尔斯还将与儒家经典相关的各类书籍进行翻译,甚至包括一些反儒家的著作,这样就能够使英国人多方面地了解儒家思想。

同时,英国对孔子文化的研究在各个方面都有涉及,除了对儒家经典进行大量翻译外,还向本国学生开设讲座。1786年,在牛津大学开设了汉学方面的讲座,并且聘请理雅各作为讲师。理雅各声称:"设置这个讲座的目的是出于我们同中国的政治、宗教和商务的关系。"在理雅各的倡导和鼓励下,又有许多传教士开始对孔子文化开展研究活动,修中诚就是其中一位。他的研究目的是想通过自己对孔子文化的研究,向全英国乃至西方介绍传播儒家经典学说。他后来在《中国古代哲学》一书中,对孔子及其弟子子思、孔门诸儒及孟子、荀子等儒家代表的思想文化进行了详细的描写和介绍,还向本国人民传播了《论语》《孟子》《大学》《孝经》《易经》《白虎通义》等儒家经典相关著作,对这些书籍进行了专门篇章的讨论介绍。另外，一位英国哲学家马克斯·缪勒写过《儒教与道教》一书，这本著作主要是从社会经济角度对中国儒家经典文化进行研究。这些英国学者的著作代表了英国对儒家和孔子思想文化的研究水平。

第二节 从理性的视角看中华传统文化

一、中华传统文化的精华

（一）中华文明的核心问题

中国古代有几大学派，具体如：

道家："人法地，地法天，天法道，道法自然"是道家的思想观念，道家主要对世界的客观规律进行研究，是自然和谐的科学生命观点。

儒家：主张的是"人之初，性本善"，并且以"修身，齐家，治国，平天下"为目标。以人性本善为出发点，希望建造和谐完美社会。

法家：其主张和儒家相反，认为"人之初，性本恶"。研究的是人性中恶的部分，并且要求利用法律约束人，这一主张曾让秦国统一了天下。

兵家：其主要著作是《孙子兵法》，这是当时学者们的智慧结晶，并为我国军事事业提供强大的思想指引。

墨家：墨家主张"兼爱、非攻、尚贤、尚同、天志、明鬼、非命、非乐、节用"。

（二）中华传统文化的精髓

1. 开放精神。中国文化具有博大精深、源远流长的特性，并且能够不断对外来文化进行学习及融合，也能够让56个民族相互促进。中国传统文化的开放精神让中华文化海纳百用、不断兼容，取其精华去其糟粕，让中国传统文化更好地发展。

2. 相亲相爱的精神。"大道之行也，天下为公""四海之内皆兄弟也"，都来自中国古典书籍。中华民族主张的是社会和谐，人类能够相亲相爱，这一精神也延续到了现代社会,并且提出了"和谐社会""和谐世界"的理念。

3. 大智慧的精神。中庸思想要求人们在为人处世时要做到恰到好处,是一种大智慧。中国传统要求一个人要把"智、仁、勇"相结合,全面发展,让人格得到升华。

4. 与时俱进的创新精神。"周虽旧邦,其命惟新""苟日新,日日新,又日新",都在说我们在考虑问题、解决事情时要不断根据时代需要更新自己的思想观念。

5. 以民为本的精神。从古代到现代,我国一直主张的是以百姓为主,以人民安康为标准,所以就有"民为邦本,本固邦宁""民为贵,社稷次之,君为轻""国主之有民也,犹城之有基,木之有根""权为民所用,情为民所系,利为民所谋"等观点,这是由我国传统文化和国情决定的。

6. 以天下为己任的精神。"仁者爱人""兼相爱,交相利",说的都是要关爱他人,做人不能太自私。中国传统文化强调,只有关爱他人关爱社会,个人才能获得真正的幸福,即"天下兴亡、匹夫有责",要把个人命运和国家兴亡联系在一起。我们要把自己的才华能力用到完善社会上。

7. 顽强奉献的精神。"风雨如晦,鸡鸣不已。"当我们面对国家危难时应该有不怕牺牲的精神,义无反顾地保卫国家,为人民的利益着想。

二、中华传统文化的糟粕

中华传统文化有很多优点值得我们学习研究,但是其也存在一定的弊端,即缺乏平等性、科学精神和法治观念等。以下就进行具体的分析:

(一)缺乏平等性

"平等"的意思有两种:一是指人和人之间的平等,每个人的人格都是平等的;二是指社会上法律(权利义务)的平等。

在我国古代社会,人是分等级的,"君为臣纲,父为子纲,夫为妻纲"。每个人都应该承担自己相应的义务。古代社会严重受到礼教和宗法的影响,百姓见了官员要磕头,官员见了皇帝要自称奴才。虽然也有人说"王子犯法,与庶民同罪",但是皇帝是至高无上的,更有"刑不上大夫"的说法。

孟子和庄子提出过重视人的观点,但是受到人格独立和精神自由等限制。

（二）缺乏科学精神

我国古代社会重视的是人伦和社会，对自然界关心较少。儒家的"四书五经"和科举考试中并不考查科学知识。李约瑟就认为道家思想"最具科学精神"，但是所谓道家的科学成果不过是追求长生术的副产品。在中国古代这种落后思想之下，不可能出现完整系统的科学理论。中国的四大发明属于技术成果，并非科学。

我国古代重农的社会中，工商业发展缓慢，并且得不到重视。"万般皆下品，唯有读书高。"这句话说明了在当时商人是社会中的底层，经商被认为是不务正业。中国的古代商品经济极其不发达，还处于萌芽阶段。后来工业革命推动了近代科学的产生，促进了社会经济的发展，并在科学技术和社会发展中相互促进。

形式逻辑是科学发展的基础，而我国古代缺乏形式逻辑。在诸子百家中也涉及过形式逻辑的思想观点，但是他们的研究只是片面的，其本质是诡辩论，没能建立完整的形式逻辑体系。在《易经》和《道德经》中提出了朴素的辩证法思想，这为形式逻辑的形成发展做了准备，但是它不能代替形式逻辑。《易经》和《道德经》对科学的发展起了反作用，破坏了科学的推理和实验精神。形式逻辑的建立是很重要的，对科学、政治和法律都有促进作用。

（三）缺乏法治观念

在诸子百家中，涉及法律观念的只有法家。法家主张法治社会，而儒家主张的是德治，所以法家对社会发展起到了很大的作用，但是法家思想刻薄寡恩的缺点让法家随着秦朝的灭亡而失势。自从西汉确立了"罢黜百家，独尊儒术"的基调，中国封建社会就开始施行"德主刑辅"的治国思想。法律的重要性在于可以对人的行为有所规范，可以让社会稳定，促进人与人之间和人与社会之间的和谐发展。

法律和道德是相辅相成的，法律是最大的道德。从概念和性质上分析，道德属于行为规范，而法律则是高级行为规范，国家可以通过法律强制力促进社会稳定。要想让一个国家和社会提高守法、执法观念，让人们拥有道德素养，就要大力完善法律意识和道德观念，让法律和道德相结合、相辅相成。法律和道德也是有区别的。在我国古代，人们把儒家思想中的"礼"作为法律标准，这就误解了道德和法律的区别。法律规范的概念是非常严谨的，孔子文化中的"礼"是不具备法律的严密性的。所以，"以德治国"的观念在本质上是"以人治国"。"出礼入刑"则是混淆了民法和刑法，"原心定罪"的观点则破坏了刑罚的原则。

三、取其精华，去其糟粕

中华传统文化是随时代发展而发展的，我们应该在历史的进步中辨别孔子文化中的精华和糟粕部分，更应该探讨传统文化是否合时宜。我们应该对其不合时宜或者糟粕部分进行批判，封存（留而不用）或改造。在改造传统文化的过程中，应该从心态上和实际上两个方面考虑，其中心态上的改造指的是对文化降低笃信程度及其价值认同，实际上的改造指的是彻底改造不合时宜的成分并将新成分加入其中。例如，舞龙在古代是一种求雨仪式，在今天舞龙就用作娱乐表演；此外，多子多福的文化观念在现代社会逐渐被优生优育的观念所取代。这些都是文明的进步。如果我们希望自己的国家进步并走向世界，就要以德治国，对中华传统文化取其精华，去其糟粕，扬长避短，使不合时宜的传统文化得到改变。对一个国家和民族来说，我们要对传统文化中优秀部分继承发扬，让心灵得到净化，让中华优秀文化能够发扬光大。

第五章　优秀中华传统文化的传播渠道

第一节　新媒体——以"陆地诗词"的传播为例

唐诗宋词作为中国传统文化的精髓，古往今来，滋养着无数知识分子的精神空间。历代先贤在诗词的濡养中，诗意地栖居于审美的世界，享受着灵魂的自由。但在网络时代，越来越多的快餐式文本铺天盖地地袭来，越来越多的媒体人开始推崇技术，越来越多的新媒体都聚焦在前沿和热点上，传统文化似乎在与这个时代渐行渐远。即便如此，也没有人能够抹杀传统文化曾与日月争辉的光华。因此，在媒体不断商业化的现实境遇中，如何让传统文化在新媒体一统天下的趋势中绽放出绚丽之花，如何让新媒体在传统文化的涵养中永葆青春，是学界和业界应该共同思考的重要议题。换言之，实现新媒体与传统文化的互动与共赢，这是每一个学者和媒体人义不容辞的责任。

一、陆地与"陆地诗词"

北京大学学者陆地教授，早年先后就读于安徽大学中文系、中国人民大学新闻学院、复旦大学新闻学院；到高校任教时，亦是先清华后北大。这种丰富的经历让陆地成为不一样的媒体人。他只对人物专访、纪录片和专题片等能够允许想象和发挥的领域感兴趣。而这种兴趣，多半源于陆地对文学的钟情。虽然他大学毕业时没有去成文学杂志社，但"文学的梦像云一样始终在心灵的天空时散时聚，时浓时淡"，这就为陆地成为一个有情怀的学人和有温度的媒体人打下了基础。童兵先生在《陆地诗词三百首》的序中也曾说"陆地是'一不小心'跨过文学当了记者"。

现在看来，也许正是当年的"一不小心"，成就了今天这样一个才华横溢、视野开阔的业界精英和学界专家。也正是当年那个"一不小心"带来的遗憾，让至今不能以文学为业的陆地，将蕴含诗词情愫的传统文化和风头正盛的新媒体这两大新旧更迭的领域交融在一起。基于自身而起步于业界、行走于学界的双重身份，凭借着多年来对诗词的热爱，2017年1月，陆地以"走遍千山万水，书尽画意诗情；茶煮春花秋月，笑看云淡风轻"的雅士情怀，推出了个人公众号——"陆地诗词"。相较于2015年出版的《陆地诗词三百首》这一传统媒介而言，可谓经历了一次从旧媒体向新媒体的变革。但无论传播形式怎样变换，陆地用诗歌来绘制中国版图、用文学讲述中国文化的初心依然可见。而且，用新媒体的思维助推传统文化的传播，既是陆地以学者的身份对新媒体传播内容做的一次探索，也是他找寻新媒体与传统文化实现互动的有益尝试。

纵观"陆地诗词"这一公众号，自推送第一首《临江仙》以来，截至2022年1月已有400余篇。该公众号集原创诗词、中英文朗诵、背景音乐、插图、名人书法于一体，可谓综合调用了多种媒介和资源。作者的风神、诗词的意境、画面的动态，辅之以声情并茂的朗诵和原汁原味的英文翻译，在新媒体的综合运用之下，让诗词这一典型的传统文化样式瞬间从对纸质媒介的完全依赖与单向传播中解脱出来，摇身一变为集诗、乐、画、书等多种艺术门类于一体的双语视听盛宴。这一精神领地的打造，不仅为广大热爱诗词的受众营造了绘声绘色的鉴赏情境和如在眼前的接受语境，而且为以古典诗词为代表的传统文化走向与新媒体的融合做了一次积极尝试。

显然，这种尝试离不开作者的深厚学养和专业素养，同时也离不开"陆地诗词"团队中每一个成员的辛苦付出。素有"神还原"美誉的赵彦春教授，负责图文统筹的惠东坡教授，承担朗诵工作的马宗武先生、邹建军先生、凌晓军女士，以及中国书法家协会副主席宋华平先生和中国隶书大家张惠臣先生，无不为公众号的成功运营付出了艰辛劳动。当然还有陆地老师自己的硕士、博士们。他们每个人都是义务地加入这个传播中国人文地理内容的团队，极具奉献精神和使命意识。正是这些充满智慧和才情的团队成员，为"陆地诗词"吸引了很多志同道合的伙伴。

二、"陆地诗词"中的传统文化

传统文化作为中华民族的精神瑰宝,早已植入每一个炎黄子孙的潜意识之中。然而究竟何为传统文化,它的内涵和外延至今都无法完整界定。但琴棋书画和诗词歌赋一定位列其中,因为这是古已有之的高雅文化。

如果说前者较为注重个人的修身养性,那么,后者则是每一个怀揣文学梦的人共同的雅兴。诗词歌赋千百年来与知识分子形影不离。但随着网络时代的到来,以纸质为媒介的单向传播在新媒体时代面临着历史性的挑战。这不仅仅因为传统媒体总体的文化特质是一种高高在上的"庙堂式"文化,而且"它是集权的、唯我独尊的,而对受众,是俯视的、教化的。而新媒体,特别是在其进入社会化媒体的时代后,其文化更多的是建立在以'人'为核心的基础上"。正是这种鲜明的对比,使得传统文化在新媒体时代逐渐落寞,甚至在快餐式文化和碎片化阅读中逐渐失去光彩。

也许正是这种落寞的境遇,让有着丰富经验的业界精英和具备担当精神的学界专家开始思考传统文化何去何从。尤其是在当下的复杂语境中,陆地从传统文化体系中选择了"诗言志",而且师法唐宋,以律诗、绝句的形式去摹写祖国的大好河山。从燕园、故宫、长城等极具文化价值的人文景观到湖南、湖北、海南、甘肃、新疆、巴马等地区的自然景观,作者信笔所至无检束。每到一处,作者都特别注重将当地风俗和原生态风光熔铸到诗文之中,以此绘制诗中帝国。不言而喻,律诗、绝句作为古体诗中要求最高的艺术样式,若无格律方面的精深造诣,想做到押韵、合律实属不易,更遑论情景交融、追求意境之空灵了。正如陆地所言"写古体诗词最难的不是形式上的对仗合仄押韵,而是另外三难:一是对语言文字得心应手的驾驭,二是营造古体诗词高妙的意境;三是赋予古体诗词深刻的哲理或高贵的灵魂"。但正是这样一种艺术追求,使得"陆地的诗歌读起来往往一唱三叹,抑扬顿挫,韵味十足"。除此之外,他的不少诗作还大量融合了文学典故和历史故事,彰显了诗人的古今情怀。故而,有读者留言评价说"有的人写诗,只贩卖平仄规律,被形式束缚了手脚,因文害意,雕虫小技。有的人写诗,只堆砌难认难懂的字,故作高深,佶屈聱牙,了无诗味。陆地诗词大气磅礴,意境深邃,诗味浓郁,是真正的好诗"。这种真诚的评价,既证明了"才情或许比激情更重要、更可靠"的书写经验，也充分表现了陆地对传统文化的推崇与敬意。因为在他的公众号中，不仅推送精雕细刻的原创诗词，而且注重作品自身的文化内涵和传播效果。

且以《咏荆州》为例"江腰汉腹楚文头，几度得失意未休。浪打洪湖云梦远，风催渔鼓动莲舟"。该诗以春秋战国时期楚国都城所在地荆州这一楚文化的源头和三国文化的中心城市为题眼，首句用拟人手法生动地道出了荆州的地理位置和文化地位，接着用"大意失荆州"这一典故突出了荆州在历史上的军事地位，融入了历史视角。最后两句则让人天然地联想到"气蒸云梦泽，波撼岳阳城"的波澜壮阔，以及"竹喧归浣女，莲动下渔舟"的清新活泼。只不过陆诗重点还是以写实的笔法，记录湖北的壮丽风景和民俗风情。类似这样的诗作在"陆地诗词"中可谓俯拾皆是，《咏故宫》《咏长城》《咏敦煌》《咏棋》《咏酒》《咏琴》等诗作，充满了浓重的文化气息。

这一系列的创作，无不以传统文化为传播主体。因此，古体诗词作为传统文化的集大成者，在"陆地诗词"中自然是不可或缺的传播内容。但作为新媒体的研究专家，作者不可能以单纯的诗词推送为旨归。因此，琴、棋、书、画、诗、酒、茶作为传统文化的象征，在陆地的公众号中频繁出现。只不过这些文化，或以诗词的形式表达，或以音乐的形态出现，或以朗诵的情感传递，或以注释的文字表现。虽然形态各异，但"陆地诗词"整体上浸润着传统文化的基因，焕发着新媒体的活力。尤其是微信公众号这一传播平台，它就像是一个媒介的万花筒，"各种艺术形式和文化元素几乎都可以'装'进来"。正因如此，微信平台上的"陆地诗词"显然已经成为一个名副其实的多媒体，而且正在被越来越多的受众关注和喜爱。

三、新媒体传播：传统文化的新常态

在移动互联网时代，微信这一传播平台已经"进一步聚合了人与人的关系、人与信息、人与服务的关系，创造了一个规模空前的新平台，如何利用这个平台进行信息传播，成为传统媒体的新挑战"。而如何弘扬传统文化并加以新的传承，则必须从正视这一挑战开始。因为新媒体在社会的变革中扮演了越来越重要的角色，在这一过程中，它们"自身也超越了单纯的媒体而演变为新的社会形态。这个社会形态与现实社会形态的交互，也进一步影响到人们的生存状态"。对陆地而言，也许正是看到了自媒体时代的势不可挡，他才试图将原创诗词制作成微信公众号文章，并以新媒体的思维加以运营，以期开创传统文化与自媒体和谐共融的新常态。

当然，这种新常态要以传统文化为根基，并把传统文化的精髓融入自媒体的传播，以此酝酿一场新媒体文化。而所谓新媒体文化，本质上则"是一种竞争性的'江湖式'文化，表现出较强的开放、分权、共享、容错、戏谑、多元等特点。开放性不仅带来了内容的多元，也提高了用户的参与度，更改变了整个传播的格局"。这也是传统文化之所以在新媒体时代落寞的原因。当内容不再是唯一的"王"时，媒体人就必须用更加开放的心态和眼光去寻求业界之中可能的合作伙伴，形成共谋，实现共赢。在这样的形势下，陆地探索了诗词传播的新模式，在微信上实现了诗词、朗诵、书画等多种媒介的融合。作为"会写诗中最懂自媒体的，玩自媒体中最会写诗的"两栖精英，陆地当然能够轻而易举地做到新媒体与传统文化的兼容。因为他"既有出色诗才，又是杰出的媒体学者"。这种得天独厚的跨界优势，恐怕非陆地莫属。

然而，想要让新媒体真正为我所用，首先就必须清楚何为新媒体。实际上，它主要是指"基于数字技术、网络技术及其他现代信息技术或通信技术的，具有互动性、融合性的媒介形态和平台。在现阶段，新媒体主要包括网络媒体、手机媒体及其两者融合形成的移动互联网，以及其他具有互动性的数字媒体形式"。从这一概念的界定来看，新媒体的主要特征就是数字化、融合性、网络化和互动性。而且"互动性成为区分传统媒体与新媒体的主要特征之一"，这是因为传统媒体与新媒体相比，前者的受众反馈机制较为被动。而且，纸质媒介传播范围十分有限，读者与作者之间的距离相当遥远。相较之下，利用微信进行的诗词传播就有了受传双方"面对面"的感觉。尤其是线上精选留言的发布，不仅有利于作者能够及时地看到作品的传播效果，也有利于读者之间的交流。总之，新媒体传播的双向性是传统媒体无法企及的。

这就启示我们，在无网不在的社会生活中，要想让信息实现更持久、更广泛的传播，就必须充分利用新媒体。更何况，国家所大力倡导的"互联网+"时代，是一个去中心、去垄断的时代，是一个参与、互动与分享的时代。这既是新媒体文化应运而生的大环境，也是传统文化走向新常态的契机。这是因为"新媒体文化具有一定的平民性与非主流性,对过去一直占据主流地位的主流文化、精英文化形成了一定的冲击"。正是这种冲击,使得传统文化的主流特质和精英气质遭到冷遇。然而,"陆地诗词"的成功运营,充分说明了传统文化在新媒体时代依然可以保留精英气质,只是一定要以一种平民化和非主流的方式,并辅之以新媒体的思维加以传播。这就要求"媒体人需要有正确的价值观",而且要利用好自身的经验。尤其是在如火如荼的自媒体时代,"人的经验,有着不可替代的作用和力量,关键是要珍惜、充分运用并聚合这些宝贵的经验"。如此,才能在新媒体时代让传统文化重出江湖。

简言之,公众号"陆地诗词"的运营,是乘着移动互联网的东风,装着传统文化的博雅,穿着新媒体的花衣,听着意见领袖的高歌,走向大众、走向精英、走向主流文化的尝试。它综合运用多媒体手段,充分调动读者的多感官参与,使得"诗好、翻译好、朗诵好、书法好、配图珍贵"等类型的好评不断。而这种精心设计的多感官体验,既是媒介融合的典型体现,也是传统文化走向新常态的可行性借鉴。此外,公众号惊人的订阅数量和热情的用户反馈已经证明:在新媒体的传播下,传统文化同样可以拥有巨大的威力和无限的魅力。当然,新媒体传播的开放性、多级性和复合性等特点,也在为传统文化的新常态传播保驾护航。

综上,面对传统文化和个人兴趣,陆地以媒体人的担当做着思想者的功业。公众号"陆地诗词"作为一种新媒体文化现象和文化行为,顺应了传播的趋势,并借助微信平台,探索出了其与传统文化互动的道路。而这一探索正是学术理论自信、拥有理论创新思维且不乏"跨界的学术眼光与深厚的知识积淀"的文化自信。中共中央办公厅、国务院办公厅曾提出"到2025年,中华优秀传统文化传承发展体系基本形成,研究阐发、教育普及、保护传承、创新发展、传播交流等方面协同推进并取得重要成果,具有中国特色、中国风格、中国气派的文化产品更加丰富……"。我们相信:在陆地及其运营团队的执着努力下,"陆地诗词"的"内容和形式将会随着微信和微信公众号传播功能与技术的完善发展而更加丰富多彩"。这不仅是陆地团队的愿望,也是受众的期待。

第二节 社交电视——从河北卫视的"中华好"系列节目说起

随着技术的迅猛发展，社交媒体的发展已经渗透到传统媒体的生产流程中，社交媒体时代用户的收视习惯也发生了深刻变化。故而探讨社交媒体在电视节目中的应用现状，深刻洞悉用户心理，充分借鉴社交电视的优势，以此推动传统电视节目转型是大势所趋。文化益智类节目作为电视节目的一大类型，在近些年不断推陈出新，其中一些热播节目也赢得了良好的口碑。本节以河北卫视的"中华好"系列节目作为切入点，以竞争性、娱乐性、文化性为特征的文化益智类节目作为研究对象，探讨其如何借助社交媒体实现自身的融合创新，以突出用户的参与性、互动性，进而完善用户的观看和使用体验，使以弘扬中华优秀传统文化为旨归的益智类电视节目取得更加优质的传播效果。

一、社交电视在河北卫视文化益智类节目中的应用困境

由于社交电视并不仅仅是技术的创新，而且更加强调社交思维在传统电视节目中的应用，因此，对传统电视节目的制作而言，融入社交电视的创作思维至关重要。尤其是对当下如日中天的文化益智类节目而言，更是正当其时。以河北卫视的原创节目为例，2019年5月15日，河北卫视大型原创季播文化节目《成语天下》在河北省邯郸市召开节目启动仪式及新闻媒体发布会。作为《中华好诗词》姊妹篇，该节目还未播出便已引起很大的关注。近两年，河北卫视以《中华好诗词》为龙头，秉承"聚文化最青春"的频道定位，精心打造了《中华好家风》《中华好妈妈》《我中国少年》等"中华好"系列原创文化节目集群。笔者主要从富有代表性的"中华好"系列节目的发展现状出发，审视当下文化益智类节目存在的困境，探讨如何更好地应用社交电视来打造文化益智类电视节目的品牌。当然，这一目的还要以正视当前的应用困境为前提。综观目前的节目开播现状，社交电视在河北卫视的应用困境大致体现在以下几个方面：

（一）部分内容曲高和寡，脱离大众

近年来，文化益智类节目的持续走热有可喜之处：一方面，这类节目的热播体现的是人们对传统文化的重视和传承；另一方面，相关"专家、学者、明星等'意见领袖'对文化的阐释，对提升大众的审美和舆论引导也有很好的助推作用"。但是文化益智类节目是否真正实现了全民参与呢？实际上，对一些在内容上强调专业知识、文学积淀的节目而言，除了少数参赛选手可以顺畅地参与整个节目流程外，普通观众很难做到全程观看并投入其中，这就使得节目的体验效果不佳，从而使得节目总体效果或收视率也可能令人失望。故而，在内容设定上，节目组要充分考虑多数人的认知水平和媒介素养，既不能自娱自乐，也不能只考虑少数精英群体。毕竟媒体有责任带动全民参与，引导受众树立文化自信，真正使文化益智类节目从文化高台走进每一位普通大众的心里。

（二）传播语态：口吻说教，较为生硬

在社会化媒体时代，生产主体在进行信息传播时，要充分考虑"语态"的重要性，即语言的表达方式和传播者的姿态。在传统媒体一统天下的时代，由于信息的供需不平衡，文化类电视节目一般以说教、命令的口吻来传播，以便捷的方式达到较高的传输率，但这种传播形式取得的收视效果并不理想。而今，在新媒体时代，传播者要想适应社会化媒体的环境，就要学会用"讲故事"的语态和形式来体现人与人之间的情感活动。对于这点，文化类传承节目《中华好家风》做得就相当不错。该节目不仅能够敏锐地捕捉到家风的闪光之处，展现出中国家庭家风的文化情感，还能够从公众视角出发，以情动人。相较之下，河北卫视其他自主打造的同类型节目在传播语态上，就不能很好地运用讲故事的方式，仅传达既定的义理，从而无法达到预期效果。当然，讲故事要通过展现具体的场景、依托具体的事实、融入细节刻画，才能带来深刻的共鸣。同时，要能够在传播语态上避免说教式口吻和生硬式说理。

（三）传播渠道：多媒体平台尚未打通，用户黏性不够

媒介融合是传媒业发展的主要趋势，传统的电视平台要学会在社会化媒体上寻找更大的生存空间。媒介融合既是传播渠道的连通，也是内容和服务的相互激发和补充。微博、微信、短视频应用等平台的功能不断扩展，对推动传统媒体转型具有重要意义。山东卫视的《国学小名士》通过飞花令短视频和《你

好！诸葛亮》手势舞在抖音走红，同时利用微博平台宣传推广，得到了上百个主流媒体的点赞和转发，并且多次登上微博热搜榜。相较之下，河北卫视的"中华好"系列节目则缺乏"两微一抖"的应用思维，且多媒体平台尚未打通，仅仅依靠传统的推广传播手段显然已过时。其中表现相对较好的《中华好诗词》，拥有自己的官方微博和微信公众号，尽管微博也设置了一些话题和互动，但总体的粉丝依然相对较少，且视频内容严重缺乏。总的来说，河北卫视的"中华好"系列节目目前都没有入驻短视频平台，且传播效果不佳，缺少与其他平台的互通与联动。传统电视媒体只有运用好多媒体手段，挖掘跨媒体传播潜能，才能更好地整合内容和用户资源，维持节目与用户的黏性。

（四）技术：传统电视专业技术支撑不足，人才缺乏

从技术维度上看，社交电视是指在收看电视的同时，通过社交平台运用通信、互动等方式进行社交化行为。但综观国内的传统电视台，各类电视节目的人力、资金资源总体缺乏。以河北卫视为例，该卫视对于前沿技术设备的应用与投入明显不足，节目组人才队伍力量不均，再加上缺少专业人士的指导，打造优质节目变得更加困难。传统电视台只有建立高效的媒体管理体制，充分引入先进的技术，有充足的资金和相应人才的支撑才能更好地实现电视节目的融合与创新，从而获得更好的收视率和行业口碑。随着5G的全面商用，技术对于提升人们的视听体验，增强场景再造能力至关重要。传统电视行业若不能积极拥抱技术，并将其纳入自身的发展规划中，注定会失去更多市场。毫不夸张地说，进入智媒时代，技术至上早已不再是一种口号和导向，而是一个毋庸置疑的事实。故而，积极组建掌握前沿技术的人才团队，是传统电视行业成功转型并直面未来的主要筹码。

（五）受众定位不准，忽略了用户的心理变化

受众定位的变化，在一定程度上反映着社交媒体的演变。过去，传统媒体将受众定义为"较大数量的""异质的"传播对象。如今，互联网和社会化媒体的发展使得每个个体的存在都有了独特的价值，每个个体都成了网络传播中的一个节点。显然，这一变化反映的是传播主体对传播和服务策略的调整，即从"点对面"到"点对点"的个性化服务。虽然人们在互联网上有个性化的一面，但圈子化生存也是当下网民的显著特征。而今，越来越多的微信群、粉丝

群、社区、小组不断涌现，人们因为共同的兴趣、意见、价值观聚集在一起，选择并接受着符合群体共同意识和喜好的内容，从而结成更加稳固的朋友圈。反观当下电视媒体的节目制作，节目组对于用户心理的诉求显然认知不足。比如，在《中华好诗词》的舞台上，节目组过于凸显个人能力而忽略了群体的力量，进而形成了以个体竞争为主的模式，这就会造成观众与节目的疏远。在这点上，中央电视台《中国诗词大会》设置的百人团反倒更能体现出全民参与的受众定位意识，从而大大提高了来自不同行业和不同年龄的观众参与到节目当中的积极性，获得了更多诗词爱好者的认同。故而，如何做到关注用户的心理变化，精准定位节目的潜在受众，也是当下文化类节目在使用社交电视思维时的一大困境。

二、突破口：积极打造电视媒体与社交媒体的互动融合

（一）基于社交媒体数据，充分利用用户生成内容

社交电视首先是传统电视与社交媒体在内容上的结合。传统电视节目在制作与营销上，一方面要善于借助微博、微信等社交媒体的网络数据，基于对用户的浏览行为、使用习惯、心理诉求等方面的分析，积极打造符合当下用户口味的品牌节目；另一方面，还要关注并筛选用户生成内容，使其充分参与到媒介的内容生产中。毕竟，用户在微信、微博、小组上无意间发表的言论，很有可能会成为媒体的新闻线索和节目制作的灵感来源。有一些媒介素养较高的人甚至会主动参与到内容生产中，并有意识地为媒体机构提供原创性内容和批评性意见。总之，要让用户与媒体保持良好的协同关系。因为用户不仅可以为媒体提供内容素材，也可以在与媒体的互动中提供反馈信息，这将有助于媒体了解自身的传播效果和市场需求。从这一意义上来说，传统的电视媒体要主动吸引用户参与到节目生产流程中，并以此检验自身的内容创新是否符合用户的需求。

（二）连通传统电视与各种新媒体平台，优化用户体验

传统电视在新媒体时代要想获得立足之地，就不得不打通多媒体平台，并积极借助新媒体的技术优势在电视节目生产过程中置入社交功能。"比如，山东卫视依托新版《水浒传》的热播，推出了'水季'重头戏——集明星、辩论、观众电话参与于一体的现场直播节目《开讲》，观众可以用微博与直播节目进行互动。"这种互动充分利用了微博的社交优势，在满足观众线下体验的基础

上，用户还可以在线上开展各种评论交流。此举在大大激发了受众积极性的同时，也大大拓展了节目的影响范围。《成语天下》作为《中华好诗词》的姊妹篇，在优化用户体验方面做得相对较好，其官方微博运营活跃，能实时截取节目中的精彩片段发布视频，日更频率相对较高。文化益智类节目大体上是以竞赛方式呈现的，需要大量优质选手的参与，而充分利用新媒体平台延伸用户体验空间，无疑能够使更多的受众参与到节目中来。总之，连通传统电视与各种新媒体平台，不断优化用户体验，是传统电视运用社交思维的一种有效手段。

（三）注重新旧技术的衔接，朝着智能化方向发展

十几年前，湖南卫视的《超级女声》作为国内首档选秀节目，通过短信投票的方式大获成功，这不禁让人们意识到电视节目也可以具有参与性和社交属性。在今天看来，这种短信互动，以及之后的电话连线、视频连线等环节都是鼓励受众参与节目的一种方式。只不过在新媒体时代，这些手段明显已经过时。然而，这种积极吸引受众的思维值得借鉴。不言而喻，对观众而言，这种新颖、流畅、及时的参与方式是这些节目获得高播放量和高关注度的一大原因。除此之外，像《成语天下》引入人工智能（AI）技术，设计虚拟的卡通人物"成语君"，借助"语音 AI"客串出题，并用时尚语态链接年轻人，这一系列改变无疑都是新旧技术链接的产物，而智能化方向的新尝试确实取得了意想不到的收视效果。总的来说，注重新技术的引入，并使其朝着智能化方向发展，已经成为传统电视转型发展的又一趋势。当然，也只有技术在不断迭代中完善，才能呈现给观众最完美的收视体验。

三、社交电视的应用策略

众所周知，社交电视就是将观看电视节目的行为与各种社交平台中的互动相结合，使观众参与节目的讨论、互动环节，甚至影响节目的进程。通过这一界定不难得知：社交电视不仅强化了传播者与用户之间的互动，也为用户与用户之间的互动提供了纽带。对旨在弘扬中华优秀传统文化的益智类节目而言，社交电视的引入与应用无疑会对相关节目的创新产生一定的推动意义。故而，社交电视作为与新媒体技术协同发展的一种新型思维，探究其具体的应用策略显然对文化类节目未来发展有着至关重要的作用。应用策略尤其体现在以下几个层面中：

（一）改变用户参与模式：从被动观看到跨屏互动

近年来，随着网络技术的升级，用户的参与模式正在从传统媒体时代的被动观看渐渐转变到与节目跨屏互动的新媒介生态中。央视春节联欢晚会的跨屏互动显然已经成为诸多地方电视台值得借鉴的成功案例。作为一场万众瞩目的大型晚会，它充分利用社交媒体的互动性优势，通过红包派送、实时点评等方式极大地吸引了用户的注意力和收看兴趣，并以此将电视媒体、社交平台和用户紧密地联系在一起，从而确保了收视率和互动效果。这种跨屏互动的参与模式，对以互动性、竞争性作为显著特征的文化益智类节目而言，具有很好的借鉴意义。因此，对全国各个卫视的文化类节目的运营来说，有必要在节目过程中引入跨屏互动的参与模式，以便最大限度地满足用户的心理需求和互动欲望。而且，无论是游戏参与、赛事围观，还是广告、红包等，都可以纳入节目的设计流程中。如此一来，节目制作方就可以将社交媒体与电视媒体进行有效联合，在内容与技术的强强联合下，节目组更容易打造出独一无二的节目品牌。此举在确保节目收视率的同时，也深度开发了该节目的潜在用户，提升了市场效益。

（二）重建以节目为中心的电视观众群

不言而喻，社交电视将社会化媒体与电视无缝结合，让身处不同地方的电视观众能够方便地共享和讨论他们正在观看的电视节目，让电视成为社交媒体的重要终端。基于社交电视这种特质，当下许多节目都会积极建立粉丝群或用户群，如此便可以将拥有共同爱好的观众借助于同一个电视节目聚集在一起。当然，在这个群体中也不乏节目组的创作人员和参赛人员，他们不定时地参与到观众的讨论之中，大大增加了用户黏性和节目传播效果。在这方面，天津卫视的《非你莫属》则是典型案例。该节目通过联系微信粉丝，使老板（BOSS）团成员能够与节目受众实现零距离语音互动。此举既可以很好地维持节目与用户的亲密关系，也可以使节目组自身获得实时反馈。更重要的是，这种互动能够为电视机前的观众搭建一个共享交流的平台。在共同的话题讨论和亲身的节目参与中，个人不再是孤单的观看者，而属于一个志同道合的观众群。

（三）注重增强现实技术带来的场景式体验和新应用

增强现实技术（Augmented Reality，简称AR），是一种充分利用计算机生成逼真的视、听、力、触和动等感觉的交互技术，它借助计算机图形技术和可视化技术产生现实环境中不存在的虚拟对象，并通过传感技术将虚拟对象准备"放置"在真实环境中，通过显示设备将虚拟对象与真实环境进行无缝融合，为使用者呈现一个感官效果逼真的新环境。这种技术对想要充分表现刺激性、紧张性、竞争性的文化益智类节目而言，足以把演播室以往无法呈现的效果完美地呈现出来，从而达到一种锦上添花的效果。毕竟，沉浸式场景体验往往是最吸引观众的节目制作方式。近年来，为了增强节目的真实性和完整性，节目不仅需要完美展现台前的场景，幕后也往往是需要展示的舞台空间之一。针对节目中场景切换的这一特点，AR技术的可移动性无疑可以为观众带来更好的艺术体验。此外，对于一些虚拟人物场景的再现，AR与3D技术的人物还原能力也十分出色。例如，湖南卫视在2011年的跨年演唱会上所使用的AR技术，完美实现了歌手与邓丽君隔空对唱的场面，观众体验感良好。可见，目前双屏互动和5G技术的发展，也将会推动AR在传统媒体中的广泛应用。

（四）打造科学有效的研究和实践平台

长期以来，学界与业界各说各话的现象始终存在。究其原因，一方面，业界过于重视实践本身和市场收益；另一方面，学界往往也深陷理论至上的学院派窠臼中。但近年来，随着新闻传播的学科发展和传媒生态的不断变化，传媒界的发展实践和学界的学术研究正在时代大潮的助推下渐渐走入良性发展的轨道，一个"彼此对话，深入探讨，合作共赢"的新生态局面正在形成。这一可喜的局面既是理论和实践不可脱节的逻辑驱动而成的，也是学界与业界彼此倾听的合作姿态的体现。这是因为，对学界而言，"通过倾听业界对传媒学子的现实需求和能力期待，我们也从侧面看到了当前普通高校在人才培养模式上还存在或多或少的教育盲区和误区"。当然，更为明确的是"只有尽早将一些业界常态和技术创新贯穿于课堂教育之中，才能体现新闻传播重在实践的学科特点"。同时，对业界而言，要想持续不断地补充具有技术优势和理论前略性的优秀人才，也需要和学界达成共识，积极对话。否则传媒界的持续发展就会因为技术的挑战和人才的断流而受到限制，从而影响到商业利益的获取和市场份额的占有。

　　基于这种情况，学界和业界联手打造科学有效的研究平台和实践平台就变得异常重要。为使社交电视在文化益智类节目中得到良好的应用，我们更需要这样的对话与合作。以山东网络广播电视台联合国家广电总局广播科学研究院成立的"中国社交电视实验室"为例，作为我国第一个成立的社交媒体研究机构，该实验室不断尝试开展立足三网、打通三屏的社交媒体业务，并借助数字技术实现了视频内容生产、新媒体技术、业务运营的创新，研发了"多媒体—跨媒体—全媒体—融媒体"的电视业态。一句话，即中国社交电视实验室集合了社交媒体的优势，实现了多方互动共享的目标，也为其他电视台提供了可以模仿的研究路径和实践方案。值得注意的是，社交电视的应用必须要有智慧的支撑，而且只有掌握传播效果和用户画像数据，才能有的放矢，科学地进行节目规划和传播。

　　在国家不断倡导文化自信的新时代背景下，文化益智类节目一方面凭借"自身的美学向度和多种艺术形式融合传播的内容特色，为志在弘扬优秀传统文化的自媒体在推送意图、艺术营造、表现形式等方面，探索出了一个文化传播的新范式"。另一方面也为社交电视的创作思维融入电视节目中提供了一种可能的转型之路。面对传统媒体的不断没落，媒介融合已经成为近几年的趋势，发展迅速的社交媒体自然也就成为媒介融合的催化剂。显然，传统电视节目的转型发展需要社交思维在电视与新媒体间发挥连接作用。毕竟只有充分考虑当下用户的心理诉求，真正以人为本，才能深刻洞悉受众的角色转型；"只有尊重传统、大胆创新"，电视工作者才能在各种新技术的助力下不断创作出更好的节目内容，从而获得更加理想的传播效果和市场收益。

第三节　声音平台——以中央广播电视总台"云听"为例

　　2020年我们迎来了中国人民广播事业的八十华诞。走过80年的风雨历程，广播已成为家喻户晓的生活媒介。随着5G时代的到来，广播作为传统媒介的传播功能还在，但在新的传播生态下，声音的传播形式与传播渠道，乃至传播效果都发生了翻天覆地的变化。中央广播电视总台作为党和人民的喉舌以及最具影响力的社会公器，顺势而为，在继央视频的成功运营之后，接着又推出了以5G作为技术支撑的声音新媒体平台——"云听"。该平台在坚守与创新中，直面技术带来的挑战和用户消费升级的双重压力，不仅走出了一条媒介融合的创新路径，也为广播在新时代的新发展提供了可资借鉴的新模式。

一、5G与"云听"

随着第三次全球化浪潮的到来，世界竞争的焦点逐渐汇聚在物联网、人工智能、大数据、云计算、智能通信等以技术为支撑的重点行业。"2019年6月6日，工业和信息化部发放5G商用牌照，标志着我国正式跨入5G时代。5G网络的高速率（比4G网络快100倍，最高可达10Gbit/s的数据传输速率）、低延迟（相较于4G网络30~70毫秒的网络延迟，5G的网络延迟低于1毫秒）和大容量（连接数密度可以达到100万个/平方公里）等技术特性，必然极大地提升了信息传播的效率和便捷性。"截至2019年12月，我国已经建成5G基站13万个。"随着物联网在5G环境下的实质性推进，在'万物互联'的环境下，5G丰富多元的应用场景也将给传媒业带来更多的可能性和想象空间。""卢迪等学者认为，家庭、交通车载、个人媒体既是5G时代三个最重要的应用场景，也是5G时代信息传播的'入口'，将在未来的信息传播生态中发挥至关重要的作用。"此外，作为社会信息系统和神经系统的传媒，其传播效果也将进一步提升。尤其是在交通车载场景中，广播依然是运用得最为广泛的一种生活媒介。而"云听"作为一个全新的声音新媒体平台，完全可以借助5G的技术优势为用户提供更加优质的服务。

众所周知，近年来，移动音频行业快速发展，用户对音频内容的需求和使用场景均发生了巨大的改变。"云听"的上线既是总台传统广播战略转型的重要体现，也是国家主流声音媒体在移动音频领域的重大创新。"云听"全面聚焦移动音频领域，紧盯移动音频发展趋势，丰富和满足广大人民群众的精神文化需求，打造自主可控、具有强大影响力的新媒体平台，以期生产出更多让用户眼前一亮、为之一振、爱不释手的移动音频内容产品，从而进一步提升主流媒体的传播力、引导力、影响力和公信力。概言之，"'云听'是继央视频上线之后总台推出的基于移动端发力的声音新媒体平台。它按照'台网并重、先网后台、移动优先'原则，主动适应广播听众向声音用户转变的趋势，稳妥推进广播频率改版升级"的积极实践。

显然，这种实践离不开5G与"云听"的内在契合。第一，二者拥有共同的用户基础。根据2020年4月28日中国互联网络信息中心（CNNIC）发布的第45次《中国互联网络发展状况统计报告》，截至2020年3月份，我国网民规模突破9亿；截至2019年6月，我国手机网民规模达8.97亿，使用手机上网比例达99.3%。可见，一方面，移动网民数量的激增和对移动信息服务要求的提高为开展5G移动信息服务提供了潜在市场，也对伴随性声音新媒体平台提出了更高的要求，"云听"应运而生；另一方面，用户习惯及用户需求的改变，体现在用户更倾向于使用移动端智能设备和移动阅读方式，然而这些改变都需要高并发、高兼容、高速度的移动信息技术支持。可见，用户的使用偏好为5G技术在移动信息服务领域中的应用带来了新契机。

第二，二者拥有共同的实践基础。当下，社会各组织机构提供的各种移动信息服务层出不穷，并且服务种类和方式不断完善，实践内容极其丰富。就央视频而言，它充分运用了"5G+4K+AI"等新技术，不仅打造了一个"有品质的社交媒体"，也为主流媒体与广大用户提供了沟通的桥梁。毋庸置疑，央视频强大的用户黏性为5G技术与"云听"的融合发展提供了实践基础。此外，5G为"云听"提供了强大的技术支撑，而"云听"充分应用5G技术，拓展了5G技术的使用边界。在"高速率、低延迟、大容量"的优势特性的加持下，声音新媒体平台可以使伴随性音频快速及时地传达给每一位听众，并给他们带来舒适的近身体验和极大的精神愉悦。

概言之，"云听"有四点突出的优势：第一，内容优势：拥有大量的自有存量版权，盘活总台音视频资源。第二，资源优势：总台拥有200~400位名主持、名记者、名编辑，可联合全国广播联盟形成合力。第三，制作优势：拥有专业的制作团队、成熟的声音产品制作人以及周边专业制作机构。第四，渠道及营销优势：从线上向线下导流，形成中央人民广播电台（央广）+中央电视台（央视）+中国国际广播电台（国广）+央广网+央视网+国际在线+央视频等的媒体矩阵，并成立国内最专业的音频广告营销团队。基于以上优势，"云听"在纯声音领域不断取得新突破。

对媒介形态演进与通信技术的发展而言，5G与"云听"之间存在较为密切的相互促进关系。随着通信技术的发展和升级，媒介形态也随之产生了相应的变革，从而逐渐实现了对媒介生态格局的重塑。从这一角度来看，5G的发展与应用不仅提高了主流媒介融合转型的可能性，而且对其产生了一定的推动作用，从而进一步彰显了5G的使用价值。遗憾的是，"云听"作为总台新近打造的一个声音新媒体平台，学界对它的关注与研究还相当有限。然而"云听"的价值却毋庸置疑，尤其是它对广播传统功能的坚守与打造声音新媒体平台的创新，更是值得探究。

二、坚守与创新

（一）声音新媒体平台的坚守

1. 始终追求高品质

随着科技与网络的快速发展，大众对生活品质的要求也越来越高。因此，人们不再仅仅满足于信息的获取，而尤为注重信息的可靠性和服务的高品质。这是由于新媒体时代传播主体日益多元，随之产生的则是娱乐化、低俗化的内容日趋增多。可见，对拥有信息传播权和选择权却没有受过专业训练的普通公众而言，很难从事实判断和价值判断的角度对信息进行筛选。他们中的大多数只是基于个人的直觉和情绪去选择想要的信息。因此，以中央广播电视总台为代表的主流媒体有义务制作高品质的内容并予以传播，从而为公众提供更好的信息服务。

"云听"在内容选择上，始终坚持挑选高品质且充满正能量的传播对象，故而知识类、资讯类占比较大，当然也包含公众喜欢的娱乐类内容。只是"云听"的娱乐类内容并不杂乱低俗，而是以引导大众树立积极向上的价值观为旨归，且以《爱豆私房话》为例。该节目虽然是在讲述明星的故事，却尤其注重将明星真实内心世界呈现给听众，以便听众从中获得正能量，大大避免了像多数网络平台那样一味地讨论明星颜值、身材和穿搭的浅层次信息传播。此外，在多数以声音作为传播媒介的平台中，言情小说往往是提高受众黏性的重要传播内容。因此，在诸多音频APP中，言情类作品所占比例相对较大。而"云听"为了保证内容的高品质，在减少庸俗言情小说占比的同时，也增加了世界名著的比重。这在保证符合节目定位的同时，也兼顾到用户的审美习惯和接受心理。

在听觉效果上，相较于当下较为流行的喜马拉雅FM、蜻蜓FM，"云听"的听觉效果更好。这是因为喜马拉雅FM的有些主播并非科班出身，在普通话的标准程度、朗读的情感表达以及对故事节奏的把控等方面都有所欠缺。因此，部分听众就有可能会因为听觉效果不佳而不愿继续收听，尽管他们并不否认节目内容很好。相较之下，"云听"则很好地弥补了主播专业素养不过关的缺陷。该平台的主播多为职业播音员，在专业方面始终坚持精益求精。尤其是他们在语速、语调、感情色彩等方面的精准把握，在带给听众听觉愉悦的同时，也能让他们理解节目的传播内容和背后的文化价值。

2. 始终坚持积极的文化导向

一进入"云听"的界面，受众就可以感受到节目的精神文化导向。它的界面以简单的白色为底，简洁清新。每个音频节目的配图或充满阳光，或幽默有趣，或饱含书香，以细节体现节目的精神定位和价值引领。"云听"从不以刺激性、暴露性的图片来吸引公众眼球，在我们浏览界面的过程中，既不会有广告弹窗，也不会有诱导性的消费信息提示。与其他受经济利益驱使的新媒体平台相比，这些特点更是难能可贵。殊不知，许多公众对于广告弹窗等信息深恶痛绝，但又苦于无法将其屏蔽。相较之下，"云听"就给公众提供了良好的搜索体验。显然，这些特点都得益于"云听"始终坚持积极的文化导向这一创设初心。

置身在信息高度发达的社会中，人们面临的往往不再是信息的缺失，而是信息的泛滥。尤其是当媒体混淆视听，信息真假难辨时，大众不得不陷入后真相的困扰之中，甚至偏听偏信，以致丧失正确的判断。可见，媒体的责任与初心何等重要。"云听"作为国家级的5G声音新媒体平台，旨在为受众提供伴随式收听体验，并致力于真实信息的有效传播。"云听"的品质内容不仅丰富了人们的日常生活，还为受众提供了更好的信息服务，保持了对人们精神世界的文化引领。只有坚持正确的文化导向，才能令公众在纷繁复杂的信息海洋和众声喧哗的各类观点中做出正确判断，从而促进整个社会思想文化的健康发展，承担起媒体责任。

（二）声音新媒体平台的创新

1. 健康多元的内容格局

在短视频如日中天的传媒生态之下，"云听"依然以"听精品""听广播""听电视"三大板块为主，全心全意为移动互联网用户提供高品质的声音产品。其中，"听精品"板块包含有声阅读、知识付费、头部IP等内容，从市场热点及用户需求出发，进行内容定制生产及版权引入；"听广播"板块则主要聚合全国电台直播流，并提供广播节目的碎片化点播收听服务；而"听电视"板块则主要是对"央视频"的优质视频内容进行音频化呈现，通过叠加音频、视频形成"合力效应"，实现音视频价值的最大化。此举在建设总台音视频移动端"一体两翼"的同时，也呈现出了健康多元的内容格局。

首先，在"听精品"这一板块中，"云听"设置了党建、资讯、听书、文化、历史、评书、情感、教育、音乐、社会、财经、军事等多个频道。在"听广播"板块，"云听"分设了国家台、地方台、本地台、电波寻声、直播互动等几个部分，对文化、娱乐、财经等内容均有涉猎。而"听电视"则包括荧幕精选、品质剧场、万象纪实、岁月留声等主要内容，雅俗共赏的栏目意在兼顾大众文化与精英文化。

其次，"云听"不仅打破了常规广播以讲述小说、新闻等文本内容为主的特性，而且尝试将热播的电视剧作为主打内容。这对许多容易产生视觉疲劳的受众来说无疑是一大福音，在解放双眼的同时，听众还可以通过音频及时了解剧情，满足休闲娱乐的需要。虽然视频的优点在于视听结合，具有丰富的画面感，但画面的多姿多彩同样会分散人的注意力。相较之下，音频虽然无法像视频一样调动人们的多种感官，但可以让听众将注意力集中在声音的传递上。观众对于剧情和台词的审美把握，在某种程度上会比视频更精准。

最后，"云听"积极关注社会动态和人民的迫切需求。疫情期间，"云听"第一时间推出了抗击疫情专区，并将央视资源和权威机构提供的实时疫情数据以及中国之声、湖北之声等节目予以展播。同时集纳了一批国内外经典文学作品有声书和中小学语文课文示范阅读等独家优质声音版权节目，以满足广大中小学生居家学习的需要。例如，"宅家有好课，云听伴你学"有声收听专区，就是根据不同年龄段划分的内容板块，该板块主打总台名嘴朗读、中小学生精品有声课、成长好故事、必读名著等内容，作品颇丰。其中，仅由总台名嘴示范朗读的教育部精选课文就有201篇，此外还包括由名师悉心答疑解惑的精品有声内容30部，成长好故事300个，国内外经典名著20部。这既为"中小学语文示范诵读库"的建设提供了丰厚资源，也极大地方便了中小学生的线上学习。

2. 交互共融的产品形态

广播无论是在传统媒体时代还是在新媒体时代，都不曾失去其"主流媒体"的地位。而且声音的伴随性特点决定了广播是一种易于接触和互动的媒介。当互联网兴起后，唱衰广播的言辞虽然不断涌现，但实际上互联网也同样具备广播的即时性、伴随性和互动性等几大特点。因而，广播天生具备网络化的能力和潜力。一旦平台和体制得到进一步优化，广播的融合过程会更加被看好。当下广播正在从纯粹的调频模式变得愈加互联网化。正如"云听"作为主流媒体中的第一个"音频社交媒体"，在互联网的助力下，不但打破了广播的单一发布模式，而且将总台既有的音频优势与用户喜爱的社交方式相结合，在产品形态上成功破除了节目的简单拆解和内容迁移等问题，并以"年轻态、新表达"的交互共融理念作为节目的推行宗旨。

3. 自主可控的技术架构

基于"5G+4K/8K+AI"等新技术的产生，"云听"着重将人工智能、5G网络等技术运用到平台的开发建设中。5G普遍商用带来的技术加持也为总台广播频率的改版及传统广播向移动音频的转型奠定了基础。有了技术的助力，"云听"打破了数据壁垒，实现了全方位的资源共享。"云听"与"学习强国"合作建设音频内容，共享通路，上线"云听"内容专区，开展深度合作，同步创作以及展播"战疫"相关音频内容，扩大了主流媒体的影响力。

此外，"云听"除对总台央广、国广的优质音频资源进行收录、分发以外，还打通了5G智能新媒体平台，对央视视频内容进行了音频化再生产，极大地开发了总台播音员、主持人、资深编辑、记者、制作人以及总台的独家版权资源。而今，"云听"客户端总激活用户规模已超过2600万人，拥有166个细分频道，150万小时版权内容，汇聚了全国各地主要省市地方台广播频率节目300余路；在产品功能方面，以"云听"为代表的5G新媒体平台能够提供收录编单、音频微编、节目审查、统一认证、音频处理与水印等多种功能，充分体现了总台自主可控的技术架构能力。

4.合作共赢的商业模式

"云听"通过知识付费、听众打赏、广告营销等互动功能,既推动了产品逐渐向商业化方向运营,也使得优质的声音产品实现了价值最大化。"云听"虽然是中央广播电视总台推出的新媒体平台,但其收益却并不依靠政府的资金支持,而是在广告营销和知识付费的基础上,引入了直播常见的互动打赏功能。这种社会化的运营方式既能使总台获得收益,也能与听众进行及时互动。同时,这种运营方式更能增强用户黏性,从而进一步提升受众打赏的积极性,促进商业运营的良性循环,打造合作共赢的商业模式。

此外,与主流汽车厂商合作开发的"云听"车联网产品也将陆续推出。"在车联网领域,'云'听采用大数据分析和 AI 内容推荐技术,基于驾驶场景和用户偏好,为车主推送新闻、天气、路况、音乐等适合车载场景的电台流内容,同时提供精品专辑提供车主点播。""云听"的加入会让车联网产品更加优化,合作共赢的商业模式优势明显。

三、"云听"带来的启示

(一)打造优质产品,不断创新节目形态

为了坚持高品质"云听",平台首先在内容方面进行了必要的选择,其次在制作上也尽量进行了创新。例如,"听书"频道大多会选择具有知识性、文学性、思想性的书目,当然也包含玄幻、言情小说等广受青少年喜爱的书目,但往往也都是选取励志奋斗、青春向上的内容作为广播题材。类似《品味书香》的节目也并不单纯地朗读书籍内容,而是加入了对内容的分析。同时,节目邀请作者做客直播间,以便听众更好地了解作者的写作意图和创作历程,从而更加深入地理解作品。在时长上,"云听"一集节目大多在十几分钟到五十分钟之间,比较符合新媒体环境下公众利用碎片化时间获取信息的习惯。然而,要想将精品内容在有限的时间里展示给听众,势必需要对内容精挑细选,并不断创新已有的节目形态。

(二)传播优秀的精神文化

新媒体平台对精神文化的注重,既不能只空喊口号,也不能过于直白地表达,而是要蕴含在广播的节目内容中。只有让听众自己去领悟其中的思想内核,

节目才能用优秀的精神文化去潜移默化地影响听众的生产生活和思想境界。故而，在"云听"的诸多节目中，主播和嘉宾一般不会直接告诉听众本期节目想要传达怎样的思想观念。他们最多只是将自己的想法与广大听友分享，并强调这仅仅是一家之言，希望听到听友不同的声音。这种注重多元并存、不设定框架、不局限受众思考、鼓励个性化创新的互动，本身就是一种春风化雨的精神引领方式。新媒体平台在激烈的市场竞争中追求利益无可厚非，但应秉持社会效益、经济效益双丰收的原则。毕竟，传播优秀的精神文化，既是媒体平台的功能，也是其责任。即便从商业发展的角度看，也只有蕴含优秀精神文化底蕴的媒体平台才会赢得大众的认可，进而获得更大的发展空间。

（三）运用技术提高产品的场景应用价值

随着5G时代的到来，技术作为一种思维已经深入人心；而声音作为万物互联的一个重要媒介，在技术的加持下也正在呈现出越来越重要的场景应用价值。"云听"率先将声音视为一种媒介，应用到多种场景之中。"在万物互联的居家环境内，声音可以帮助我们操控各种电子设备，而我们的信息获取也需要智能语音设备来提供。从亚马逊、谷歌、阿里巴巴、百度、小米等互联网巨头公司近些年迅速布局智能音箱的形势来看，由音频创造的场景智能应用前景可观。根据第三方数据公司易观国际发布的《中国智能音箱行业深度发展分析报告（2019）》，中国目前已成为全球第二大智能音箱市场，约有8000万的保有量。种种迹象表明，要想在音频领域占据一席之地，势必要在技术上提前布局、迅速发力、迎头赶上。"毕竟，随着5G技术的日益成熟，智能音箱可运用的场景将会越来越广泛。现阶段，因网络延迟和带宽的限制，这些设备需采用Wi-Fi或者蓝牙进行连接，不能独立运行。而5G成功避免了这一缺陷，未来在体育、健身、医疗及公共安全等领域必将被大范围使用。故而，运用技术不断开发产品的应用场景是诸多新媒体平台的首要任务。

总的来说，"云听"是继央视频之后的又一个标杆。在如何让互联网这个最大变量转化为推动声音新媒体平台发展的最大增量这个问题上，"云听"做出了示范。作为一个声音新媒体平台，"云听"始终坚守内容的高品质，坚持文化引领的新方向，打造健康多元的内容格局，形成交互共融的产品形态，尝试自主可控的技术架构，提高产品的应用价值等，在创新中有坚守，在坚守中有创新。概言之，5G 时代技术发展突飞猛进，各种智能化应用层出不穷。广播媒体应充分借助技术的发展，突破声音媒体单一属性的限制，提升其更为交互、更加精准的社交功能，拓展更多智能化生活的场景应用。只有这样，广播媒体才能在未来的激烈竞争中获得一定的市场份额，并保持主流媒体不可撼动的地位。

第六章　中华优秀传统文化传承创新发展路径

第一节　坚守正确的文化发展理念

坚守正确的文化发展理念是推动中华优秀传统文化创新性发展的重要前提，发展理念作为一种认识，对实践有着重要的指导作用，因而坚守正确理念在中华优秀传统文化创新性发展中便占据不可替代的重要地位。

一、坚持马克思主义指导思想

马克思主义自传入中国，便以其与时俱进的理论品质对中国历史起到了重大而深远的影响。马克思主义作为一种先进的理论，不仅在中国革命、建设与改革的历史关头发挥了重要作用，对文化发展的影响亦是如此。马克思曾就文化与哲学的关系明确指出："哲学正变成文化的活的灵魂。"在当前文化自信越发重要、中华优秀传统文化发展的重要关头，坚持以马克思主义为指导是基于历史而做出的正确抉择。

坚持马克思主义指导思想，便是要坚持一切从实际出发，立足中国实际，这是马克思主义思想中所蕴含的一条重要方法论。在这一方法论的指引之下，中华优秀传统文化的发展需要从人们的现实生活中汲取灵感与营养，走近大众的生活。对于那些脱离群众生活、不愿意从实际中获取创作灵感的行为应予以摒弃，对于那些过度宣传负能量的文艺作品也应加以制止。文化创作者应从实际生活中提取有益的生活素材，将其与中华优秀传统文化相结合，创作出反映文化自信的正能量文艺作品。

坚持马克思主义指导思想，便是要把握意识形态主导权，引领社会思潮。意识形态决定文化前进方向和发展道路，在当前社会思潮多元化的环境下，意识形态领导权对于文化建设的引导作用更为显著。坚持以马克思主义为指导，可防止广大群众迷失在西方国家宣扬的"普世价值"中，也可防止其盲目崇拜西方的思想文化及生活方式。牢牢掌握马克思主义在意识形态领域的主导权，能够最大限度地凝聚民族向心力，引导广大民众树立正确的思想观念，从而为中华优秀传统文化的发展提供一个良好的舆论氛围。

二、坚持民族精神与时代精神相结合

中华优秀传统文化要想在新时代背景之下实现创新性发展，除了要坚持以马克思主义为指导，还应坚持民族精神与时代精神的结合。这两者各有侧重，但都是推动中华优秀传统文化创新性发展的催化剂。民族精神与时代精神这两者不是相互独立的关系，民族精神为时代精神的形成打下了深厚的基础，时代精神是民族精神在当代的重要体现。坚持两者的统一融合，才能让中华优秀传统文化在原有的基础上有所突破。

坚持民族精神与时代精神相结合，便是要将爱国主义与改革创新两者有机融合，这一特点在近几年的热门电影中表现得尤为突出。《战狼2》的横空出世，不仅屡次打破票房纪录，也将爱国主义情怀贯穿电影始终；《我和我的祖国》以多个单元剧的形式，创新性地向观众展现了建国70周年以来一些具有纪念意义的历史事件；《夺冠》以不一样的视角向观众展现了中国女排精神，再一次展示了中国人的集体主义精神。这些电影的大获成功，不仅仅是因其将爱国主义精神展现得恰如其分，更重要的是，电影工作者在创作的过程中，别出心裁地采取了全新的形式或视角，让观众有了耳目一新的观感。由此可以看出，坚持民族精神与时代精神相结合，的确能够取得"一加一大于二"的功效，在文艺创作方面尚且如此，广而推之，在中华优秀传统文化的创新性发展方面亦是如此。

三、实现内容与形式相融合

中华优秀传统文化的发展离不开内容与形式的融合，只有将两者恰到好处地结合，才能将中华优秀传统文化的影响力发挥到极致。如若只重内容而忽略形式，则容易造成传统文化欠缺一定的感染力，难以引起人们的共鸣；如若只重形式而忽略内容，那么传统文化之中所蕴含的诸多思想、情感与审美价值都难以挖掘出来。因而，中华优秀传统文化的发展既需要充分挖掘至今仍有时代价值的内容，也需要将其以恰当的形式呈现出来。唯有如此，才能让中华优秀传统文化在新时代背景之下重新焕发生命力。

实现内容与形式相融合，需要始终遵守的一个原则便是与时俱进，将不同的内容配以相应创新的形式，赋予其全新的面貌。文化类纪录片便是传统文化形式创新的一种重要表现。以《我在故宫修文物》这一大火的纪录片为例，它通过独特的视角记录下了故宫内的稀世文物修复的过程，因其全新的内容与独特的形式，不仅获得了极高的点击量，引发了观看热潮，更让观众零距离感受到了文物的魅力，不得不将其称为传统文化内容与形式巧妙融合的典型案例。此外，如今古风音乐的大热也同样是抓住了这一点，《琵琶行》本是白居易的一篇名作，而今经过古风音乐人的改编而迅速在网络上走红。将传统文化中的经典名篇以歌曲的形式重新加以诠释，有利于古代诗词的迅速传播，从而提高人们对传统文化的兴趣。由此可知，中华优秀传统文化并非落后于时代的文化，将其内容与恰当的形式相融合，便能碰撞出不一样的火花。

第二节　实现多重教育引导的有机结合

文化的传承与发展终究需要靠一代又一代的青年来推动，因而，实现多重教育引导的有机结合在推动中华优秀传统文化的发展过程中至关重要。在这一教育引导中，不仅需要年轻一代集体从自身出发，提高自己的文化修养与积淀，注重个人教育，也需要家庭、学校与社会教育多管齐下，让更多的青年意识到中华优秀传统文化的魅力所在，让其在传统文化的熏陶之下，自觉承担起传承中华优秀传统文化的重任。

一、注重个人教育

加强教育引导最先便应从个人教育方面入手，青年唯有关注自身，切实提高自己的文化修养，才能更为贴切地了解文化自信的内涵，从而自觉主动地了解中华优秀传统文化。

其一，关注自身文化修养，增强对中华优秀传统文化的认知与了解。在当前这样一个信息高度发达的时代,广大青年在成长过程中会接受到许多不同文化的冲击,这便会直接导致其在纷繁复杂的世界中对中华优秀传统文化了解不够深入、认知不够明晰。具体表现为:部分青年对中华优秀传统文化缺乏必要的文化自信,在新鲜事物的刺激之下,盲目认为中华优秀传统文化是一种过时的文化;部分青年对中华优秀传统文化的认知有碎片化倾向,往往流于表面,对其中所蕴含的深刻思想不曾去挖掘或思考;还有部分青年仅从实用性方面出发,认为中华优秀传统文化无法为其带来显性的用处,从而忽略了传统文化潜移默化的影响力与润物细无声的感染力。因而,在这样的环境之下,广大青年亟须关注并提高自己的文化修养,多渠道了解中华优秀传统文化的宏大内容与隽永思想,能够从文化自信的视角辩证看待中华优秀传统文化的历史地位,提升传统文化的认同感,从内心感受到传统文化的魅力所在,摒弃对其碎片化的了解。唯有如此,广大青年才能提高明辨是非的能力,自觉抵制不良文化与思潮的影响,在中华优秀传统文化的熏陶中提高自身的综合素质,自觉成为中华优秀传统文化的传承者。

其二,线上线下多种方式了解中华优秀传统文化。首先,积极参与中华优秀传统文化相关活动。在文化自信愈发重要的社会背景之下,与中华优秀传统文化相关的活动也愈渐增多,因而广大青年可以抓住这一时机,多多参与宣扬中华优秀传统文化的活动,以便从中得到不一样的人生体验,更为细致地体会中华优秀传统文化的魅力所在。其次,还可以通过互联网经常观看一些与中华优秀传统文化相关的节目或纪录片,如《中国诗词大会》《如果国宝会说话》《上新了,故宫》。这些节目都以独特的方式为广大受众了解中华优秀传统文化提供了一个全新的视角,打破了人们对传统文化的刻板印象,拉近了传统文化与普罗大众的距离。最后,主动接触中华优秀传统文化相关文艺作品。通过阅读相关书籍,广大青年可以从中直接领悟到传统文化所传递的价值观;通过欣赏我国古代书法绘画,可以从中感受到传统文化所蕴含的深刻内涵。唯有如此,才能让广大青年更为系统、更为客观地了解中华优秀传统文化。

二、注重家庭教育

在推动中华优秀传统文化创新性发展的过程中,提高个人的文化修养、注重个人教育固然重要，但同时也需要家庭教育的合理引导。家庭教育在一个人的成长过程中有着不可替代的作用，它贯穿人们一生的成长过程，对大多数人都有不可磨没的影响，因而，家庭教育的重要性不言而喻。

营造良好家风，传达正确教育理念。家风作为一种看不见摸不着的隐性形态，一般而言，具有传承性与稳定性，这些特点便注定良好的家风对一个人的一生都是至关重要的，无论是道德养成方面，抑或是文化修养方面，这其中便自然包括中华优秀传统文化修养。因而，为了以家庭教育推动中华优秀传统文化发展，家长应努力营造良好的家庭氛围，传达正确的教育理念，将中华优秀传统文化潜移默化地植入孩子的日常生活中，成为其受用一生的智慧法宝。为此，家长需努力提高中华优秀传统文化在家庭教育中的地位，高度重视中华优秀传统文化修养培育问题。就目前而言，诸多家庭教育中普遍存在着重视学习成绩而忽略文化修养这一问题，长此以往，便容易造成"唯成绩论"这一现象，同时，部分家长与孩子缺乏必要的沟通，对孩子的兴趣也无从知晓，某种程度上便无法完全发挥家庭教育的优势。如此一来，不仅不利于孩子健康心理的养成，也不利于中华优秀传统文化修养的培育。在如何对待中华优秀传统文化这一问题上，家长的态度便奠定了孩子对此的态度，因而，形成良性的代际互动，营造良好的家风，传达正确的教育理念便亟需提上日程。

创新家风文化，做好示范作用。家长作为孩子的第一任老师，从孩子呱呱坠地之日起便无时无刻不在影响着孩子的言行举止，因而家长需以身作则、重言传身教，从点点滴滴的行为习惯影响孩子对中华优秀传统文化的态度与看法。作为一名合格的家长，应努力提高自身的文化修养，或阅读相关典籍，或观看相关节目，不断陶冶自身情操。同时，将中华优秀传统文化植入家风建设中，创新发展家风文化，以适应新时代发展要求的以良好家风培育孩子的中华优秀传统文化修养。家风所具备的时代性便注定其需要不断地创新发展，以便更好地在家庭教育中发挥教化作用；家风所具备的长期性便注定其需要一代又一代人的努力，才能形成较为稳定的思维模式，延续家庭文化与家庭教育。家风文化的创新发展与家长的言传身教都是不可或缺的，两者的相互作用才能更为有力地激发孩子对中华优秀传统文化的兴趣，促使其积极主动地学习中华优秀传统文化，从而提高文化自觉与文化自信，提升文化境界与文化认同。

三、注重学校教育

学校教育在推动中华优秀传统文化创新性发展方面同样功不可没,学校教育与家庭教育的结合才能取得教育效果的最大化。为此,广大学校不仅需要在教学内容上做足功课,也需要在师资力量方面下功夫。

优化教学内容,重视课程设置。加强学校教育来推动中华优秀传统文化创新性发展,应尽量甄别恰当的传统文化,将此融入课堂教学之中,从而逐步提高学生的传统文化修养。中华优秀传统文化范围之广,其诸多内容皆可用于课堂教学。以古诗词为代表的传统文学提高了学生的文学修养,以书法绘画为代表的传统艺术丰富了学生的内心世界,历史的不断更迭时刻在培育学生的大局观与家国情怀,古代文人志士的嘉言懿行也在不断激励学生奋发图强。为此,学校在教书育人的过程中,可将中华优秀传统文化作为教学重点,并以学生喜闻乐见的方式教授给他们,必要时可适当借助新媒体手段来实现教学效果最优化。同时,在此基础上,学校教育也应高度重视课程设置,精心开设一些与中华优秀传统文化相关的课程。课程设置需充分考虑到学生的认知水平与学习能力,分学科分阶段地逐步推进,切不可搞一刀切,也不可毫无重点地盲目推进。这样的做法既能够有效避免传统文化的碎片式学习,充分保证学生对传统文化有一个较为系统完整的了解,也是对学校传统教育的有益补充。

提高师资力量,开展文化活动。教师的职业特殊性使得其综合素质与文化修养会直接影响到学生对中华优秀传统文化的看法。如果教师本人对传统文化了解不够深入,那么很难让学生发自内心地喜爱中华优秀传统文化。因而,学校教育在提高学生传统文化修养的过程中,应高度重视师资力量的培养,一方面要不断加强对教师的传统文化修养培训,另一方面也需通过恰当的方式检验教师的传统文化修养培训成果。这两者的相互结合才能最大限度提高教师的传统文化修养,提高师资力量。同时,教师本人也应根据时代发展要求主动学习中华优秀传统文化,并在实际教学过程中将之与课本内容融会贯通。此外,学校也应大力开展中华优秀传统文化相关的课外活动,让广大学生在学习之余能在实践中感受到中华优秀传统文化的吸引力。例如,学校可举办文化讲座,邀请传统文化相关领域的名人为学生进行讲解;可举办相关的知识竞赛,号召广大学生积极参与；可举办传统文化节，定期为学生普及各类传统文化知识。这些文化活动都是为了促使学生进一步增强文化自信，提高对中华优秀传统文化的喜爱程度，从亲身体验中增强中华优秀传统文化认同感与自豪感。

四、注重社会教育

在新时代的背景之下推动中华优秀传统文化创新性发展，除却个人教育、家庭教育与学校教育之外，还有一个重要关注点便是社会教育。从个人维度而言，社会教育有利于激励广大青年自觉主动学习中华优秀传统文化；从社会维度考虑，社会教育有利于构建学习型社会，营造良好的传统文化学习氛围，从而提高文化自觉与文化自信。强化社会教育，可从宏观层面与微观层面入手，两者的有机结合才能将社会教育的影响力与感染力最大化。

宏观层面，注重舆论导向。社会教育主要是通过社会教化的方式来实现的，不同的文化资源、生活方式会造就不同的群体。"宏观层面的社会教育主要包括整个国家和社会的意识形态及核心价值观念，社会政治、经济、法律、文化、生活方式等，它是国家和社会从宏观层面提供给青少年发展的一种累计性的效应。"每一个个体时刻都在接受着社会教育所带来的濡化与影响，因而从宏观层面考虑社会教育便要时刻注意其导向性作用，让广大民众获取有利于中华优秀传统文化发展的信息，稳稳把握舆论导向，充分发挥舆论成风化人、润物无声的作用。尤其在当下信息纷繁的时代，社会教育更应如此，对宣传中华优秀传统文化的新闻报道加以推广，对发扬中华优秀传统文化的时代楷模加以褒奖，从而形成良好的舆论导向。

微观层面，营造文化氛围。由于城乡之间、东西部之间存在经济差异，各地的教育资源与教育设施也不尽相同，因而每一个个体所处的文化氛围与文化环境也存在较大差异，为此，从社会教育微观层面上推动中华优秀传统文化发展，便要十分注重文化氛围的营造。以博物馆、天文馆、纪念馆、图书馆等为代表的社会教育载体能够为广大民众提供独特的文化体验，让身处其中的参观者获得身临其境之感，对于营造良好的传统文化学习氛围有着非同一般的影响力。因此，广大民众需善于利用这些教育设施，提高中华优秀传统文化认同与文化自信。一方面，广大教育载体需不断完善，尽快转变工作理念，将馆内所展示的文化资源以民众喜爱的方式呈现出来；另一方面，民众也需自觉地利用这些文化载体，主动接受中华优秀传统文化的熏陶。

第三节 激活文化发展的生命力

无论是从文化发展的内在规律来看，还是从文化发展的时代要求来考虑，不忘本来、吸收外来与面向未来都可谓是激活文化发展生命力的重要法宝。

一、不忘本来

不忘本来，便是要合理继承中华优秀传统文化，充分挖掘其中的精华所在，将中华优秀传统文化的优势充分发挥。不忘本来主要指对传统文化本身所应持有的态度。

继承传统，充分挖掘传统文化精华。顾名思义，不忘本来首先要做到的便是充分挖掘中华优秀传统文化的精华所在。四大文明古国中，唯有华夏文明历久弥新，不曾中断，五千年文明历史孕育而成的中华优秀传统文化，从唐诗宋词到明清小说，从诸子百家到四大发明，从琴棋书画到古玩器物，都为坚定文化自信提供了深厚的基础。然而，并非所有的传统文化都有利于推动文化强国的发展进程，依然还有一些传统文化有碍于时代发展要求。为此，需以辩证的态度看待传统文化，对于那些至今仍有重要价值的传统文化，要合理地加以继承，充分挖掘其中仍有借鉴意义的思想与内容；对于那些不符合时代发展潮流的文化则要采取相反的态度，即加以剔除。充分挖掘传统精华不仅是时代发展的必然要求，也是基于现实所做出的正确抉择。

推陈出新，充分发挥传统文化优势与时代价值。仅仅挖掘传统文化精华是远远不够的，还需要将其优势充分发挥出来，这同样是一个值得深思的问题。为此，需要从两方面入手，一方面是加强宣传，让广大民众认识到传统文化的价值，另一方面则是将传统文化与当下的时代条件相结合。加强宣传的重要性不言而喻，在宣传中华优秀传统文化的过程中，不仅要注重宣传方式的与时俱进，通过各种广大民众喜闻乐见的方式来进行宣传，适应当下人们的生活习惯与方式，也要注重对宣传载体的充分利用，这其中既包括物质性文化载体，也包括非物质性文化载体。同时,中华优秀传统文化的发展还需与时代发展同步。诸多传统文化虽说在如今依然熠熠生辉,但是碍于各种因素的限制,其影响力终究有限,因而在"不忘本来"的过程中,尤其需要注意将其以一种全新的面貌呈现出来。例如,《上新了,故宫》便是结合时代特点所推出的一档原创类文化节目,它不仅使得人们对故宫的了解更为深刻,也通过文化创意衍生品开启了传统文化发展新模式。

二、吸收外来

吸收外来便是指通过各国各民族文化之间的交流互鉴,合理吸收世界各国的优秀文化成果,使得中华优秀传统文化在文化全球化的过程中始终占据一席之地,从而提高中华优秀传统文化的感召力与影响力。

交流互鉴,洋为中用。在漫漫的历史长河中,不止中华民族形成了本民族的文化特色,世界各国都创造了本民族的璀璨文化。无论是诗歌、绘画,还是文学、建筑,由于生活方式、地理环境等多种因素的影响,不同民族形成了不同的文化风格。随着各民族文化之间的交流互鉴不断深入,中华优秀传统文化需抓住这一历史性时机,不断吸收融合其他民族的文化精华,并进行辩证的取舍,如此一来,方能有效推动中华优秀传统文化与外来文化的融合互鉴。"洋为中用"这四个字的核心便在于"用",因而明辨哪种外来文化可供借鉴、哪种外来文化需要摒弃是极为重要的一点,这是践行"洋为中用"的关键所在。如若不加以区分地全盘吸收,那么便容易造成水土不服,从而出现适得其反的现象。此外,在明晰这一问题的基础之上,更要明确如何将外来文化与中华文化相融合,采取恰当的方式将两者融合,这样便既能充分吸收外来文化的优势与价值,又能大大提高中华优秀传统文化的生命力,为其注入新鲜血液。

以我为主,为我所用。"以我为主"便是要始终站在本国的立场上,推动本民族文化的发展,切勿盲目跟风。关于这一点,美国的文化发展成就尤为突出。无论是原创类的电影动漫,亦或是吸收借鉴其他国家、其他民族文化而创作出的作品,最终都推动了美国文化产业的发展。以《功夫熊猫》和《花木兰》为例,这两者都取材于中国文化,功夫是中国的,熊猫是中国的,花木兰这一人物也是源于我国古代的一首民间诗。然而,这些元素却成了美国文化产业的组成部分，这不得不引发对国内文化发展现状的深思。由此需充分吸收这一经验，无论是面对我国的传统文化，还是吸收外来文化，都要"以我为主"，将其与本国的文化发展特点相融合，使其成为我国传统文化发展的重要推动力。此外，吸收外来文化的目的终究是"为我所用"，因而切不可将这一主次顺序颠倒。纵观诸多外来文化，美国在电影、音乐方面的成就享誉世界，独特的风格加上强大的经济实力使其在文化全球化的浪潮中独树一帜；日本的动漫产业因其清新治愈的风格同样成为其文化输出的重要标签；韩国则以韩剧作为其文化产业的重要窗口。这些国家的文化发展都有一个共同特点，那便是巧妙地结合了本国文化特色，并将这一优势充分发挥出来。中华优秀传统文化的创新性发展也需要将此作为重要经验，形成本民族的文化特色。

三、面向未来

面向未来与不忘本来、吸收外来都是推动中华优秀传统文化创新性发展的重要方针，也是提高文化自信的重要途径，这三者之间没有主次之分，互为补充，互相作用。新时代背景下的面向未来，便是要将文化发展同中华民族伟大复兴牢牢结合，为推动社会主义文化强国进程添砖加瓦。只有面向未来，才能为中华优秀传统文化创新性发展提供既定的方向，使其按照历史发展规律循序渐进地向前发展，不断创新，始终保持生命力与活力。只有面向未来，中华优秀传统文化才能有一个更为显性和具体的发展目标，推动其朝着思想性、艺术性、观赏性有机统一的方向发展。面向未来是中华优秀传统文化创新性发展的题中应有之义，在新时代背景之下显得尤为突出与重要。

面向未来，便是要大力坚持文化创新。不忘本来、吸收外来固然重要，然而这些举措都是为了更好地与时代发展同进步，使中华优秀传统文化内容更加广泛、意蕴更加深刻，能够更为适应当下的社会发展，更好地面向未来。因而，推动中华优秀传统文化创新性发展需大力坚持文化创新，使其始终保持生命力与先进性。中华优秀传统文化的面向未来，需将传统文化建设与实现中华民族伟大复兴的中国梦相结合。这样的举措不仅是为了满足人民群众日益多样的精神文化需求，也是为了让中华优秀传统文化的感染力与影响力最大化。文化创新不应止步于继承传统文化精华，也不能盲目地受外来文化的影响而产生文化自卑之感，创新二字便注定中华优秀传统文化的面向未来要将目光放得更为长远与深刻。此外，中国作为一个负责任的泱泱大国，传统文化建设的面向未来也不能仅仅只是为了推动本国发展，还要为人类命运共同体的发展做出贡献，将传统文化与人类命运共同体的发展有机结合，如此一来，才能更好地推动中华优秀传统文化建设面向未来的进程。

第四节 抓好文艺创作的关键环节

作为推动中华优秀传统文化创新性发展的必要路径，抓好文艺创作的关键环节具有十分重要的战略意义，文艺创作具有超越时间与空间的神奇魔力，能够为广大民众提供不一样的体验，因而，推动中华优秀传统文化的创新性发展需从抓好文艺创作关键环节这一方面狠下功夫。

一、加强文化传播推广

文化自信的提出使得人们对中华优秀传统文化的认识更为深入，更为自觉地了解传统文化，然而仅仅依靠人们的自觉主动性是远远不够的，还需要加大传统文化传播推广的力度，从传播载体、传播范围等多方面入手，使得文化传播达到最大限度的发挥。纵使中华优秀传统文化浩如烟海，如若传播与宣传力度有限，则会大大制约其影响力与辐射力，因而，大力推动中华优秀传统文化传播是一个应该引起广泛关注的重要议题。

创新文化传播载体。文化载体的多元化创新可通过不一样的方式全方位地展示中华优秀传统文化的独特魅力，在当下多元文化碰撞的时代，要想使得传统文化牢牢占据一席之地，创新文化载体显得尤为重要。以亭台、园林等为代表的物质载体，以网站、电视节目、综艺等为代表的网络载体，以及以各种传统文化节日为代表的活动载体都是文化载体的重要表现。不同的文化载体可承载不一样的文化，使其具有不一样的表现形式。物质载体的直观性可使得人们直接感受到传统文化的与众不同；网络载体本身便具备互联网传播的特点，因而可极大地拓展文化传播的广度；活动载体通过举办各种与文化相关的活动，使得参与其中的人们有身临其境之感，能够更为强烈地感受到传统文化的美感。

充分利用并创新各种文化载体是推动中华优秀传统文化传播的重要手段。

扩大文化传播范围。此举不仅是指中华优秀传统文化传播范围的广度，还是指传播内容的广度。首先，从传播范围的广度来看，传统文化不只是深深影响了国人的心性和道德养成，提高了本国的文化软实力与影响力，也极大地推动了世界文明的发展进程。"在五千多年的文明发展历程中，中华民族为人类文明进步做出了不可磨灭的贡献。"因而，要想在新时代背景下推动中华优秀传统文化的创新性发展，不仅要注重传统文化的国内宣传，也要注重国际传播，以推动中华优秀传统文化的国际影响力，从而增强我国的国际话语权。其次，从传播内容的广度入手，中华优秀传统文化的传播不应只局限于书法、绘画、文学等耳熟能详的范围，也应多多关注一些鲜为人知的传统文化的范畴，将其充分挖掘出来并根据时代发展赋予其新的内涵，这才是最大限度地发挥中华优秀传统文化作用的创举。

二、创作以人民为中心的文艺精品

坚持创作以人民为中心的文艺精品是推动中华优秀传统文化创新性发展的重要途径之一，以人民为中心这一思想源于马克思主义群众史观，也是贯穿习近平文艺思想始终的重要核心观点。

之所以要坚持以人民为中心，是因为人民需要文艺。自改革开放以来，我国的社会生产力得到了显著提高，人们的物质需求基本上得到了满足，随之而来的便是精神文化需求的满足，为此，需着力加强文化建设，从而推动中华优秀传统文化的发展，提高文化自信。同时，由于互联网的快速发展使得人们可接触到的文化越发多样化与多元化，因而对文艺作品的要求也随之提高了很多。传统文化文艺作品如若只是站在原地，而不以广大民众喜闻乐见的方式重塑新的表现形式，那么便很快就会被遗忘。坚持以人民为中心的创作导向，将中华优秀传统文化的精华与广大民众的需求相融合，才能使得各种传统文化文艺作品重新焕发生机与活力，以一种全新的面貌呈现在大众面前，给人焕然一新之感。

坚持以人民为中心，就是要将中华优秀传统文化文艺创作深深扎根人民生活，文艺需要人民。"人民是文艺创作的源头活水，一旦离开人民，文艺就会变成无根的浮萍、无病的呻吟、无魂的驱壳。"《舌尖上的中国》可谓是将中华优秀传统文化与人民生活巧妙结合的经典案例。这一节目包含了诸多传统美食，从南方到北方、从四大菜系到日常小菜，全都囊括其中。与娓娓动听的旁白随之而来的便是人们的劳作，无论是哪一集都可以看到广大劳动人民的身影。不同地理环境所造就的不同的饮食习惯，餐桌上各种主食的制作过程，经由时间流转而形成的不同的食物保存方式，以及经过不同的烹饪方式和五味调和而成的各地美食，都是我国古代劳动人民的智慧结晶。这一纪录片常年高居榜首，不仅在国内大受欢迎，也为中华美食俘获了一大批海外粉丝，它的大获成功充分证实了中华优秀传统文化和以人民为中心的创作理念相结合的巨大威力。与之形成鲜明对比的，便是当前一些节目、影视作品为创作而创作，严重脱离人民生活，既没有传播正能量，也没有反映广大民众最真实的生活样貌。由此可见，坚持创作以人民为中心的文艺精品便要从广大民众的生活与实践中汲取养分、挖掘创作素材，创作反映人民心声的传统文化优秀作品。

三、建设现代文化产业体系

文化产业作为提高文化软实力的重要途径之一，义不容辞地承担起了推动传统文化发展的重任。为此，需努力推动文化产业供给侧结构性改革，建设现代文化产业体系，这是应对经济全球化与文化全球化浪潮的有效措施。就供给侧而言，当前的文化产业在中高端领域的内容供给略微不足，而低端领域却出现严重过剩的状态；就需求侧而言，既有需求下降现象，也有需求外溢现象。面对这样的困境，推动文化产业供给侧改革、建设现代文化产业体系迫在眉睫。

一方面，需要坚持经济效益与社会效益的统一。以近些年的电影电视剧市场为例，一系列以流量明星为噱头的电影虽取得了较好的票房成绩，然而这些影片的质量却令人堪忧，粉丝文化的兴起不仅助长了这一现象的发生，而且有愈演愈烈的趋势，这一趋势不仅存在于电影市场，也广泛存在于电视剧市场，与之形成鲜明对比的便是正午阳光团队出品的一系列优秀电视剧，《琅琊榜》《父母爱情》等电视剧不仅注重经济效益，也注重社会效益，强调两种效益的统一，推动文化产业的良性发展。因而，各大文化生产者在生产传统文化相关的文化产品时，不仅要考虑成本、盈利等因素，也要考虑到其中所蕴含的价值理念与深远影响，要兼顾经济效益与社会效益的统一。

另一方面，需要激发各类文化企业活力。作为文化产业市场中的主体，企业的积极性与活力对于推动传统文化发展具有举足轻重的地位，为此，各大文化企业需采取措施，致力于提高本企业的文化产品质量，从而推动现代文化产业体系建设的顺利进行。首先，需明确企业定位。只有在明确企业定位的基础上，才能制定出详细具体的经营战略，创作出符合市场规律的优质文化产品，从而从供给侧一端为广大民众提供优质的文化产品，满足其精神文化需求。其次，将尊重需求与引领需求相结合，加大文化产品的创新力度。对此，需将文化产业与其他产业进行深度融合，将文化产业的优势与其他产业的特色充分显示出来，促进文化产品的中高端供给，以文化产业的供给侧结构性改革推动中华优秀传统文化的创新性发展，唯有如此，才能更好地建设现代文化产业体系。

四、组建高素质人才队伍

人才的发掘与培养对于推动中华优秀传统文化创新性发展同样不可忽视。对于人才的培养，不仅要采取措施多多吸引新人投身文化建设，更要留住原本的人才。

吸引新人投身文化建设是人才培养的重要环节。首先，相关部门需连同高校共同注重人才的系统培养。相关部门可以制定与文化建设相关的政策并加强宣传，吸引各行各业的人才能够注重本行业与文化相关行业的融合发展。同时，高校可根据实际情况加大对文化相关专业的资金投入，从文化素养、专业素质等方面多多培育文化从业人才，使其对中华优秀传统文化建设产生浓厚的兴趣，进而自觉主动地投身文化相关行业。其次，文化企业应加强对从业新人的培训力度，使其能够快速掌握本行业的实际操作能力，尽快投身于文化建设，为中华优秀传统文化的创新性发展贡献自己的一份力量。

对于原本便从事文化相关行业的人才，需要健全人才保障机制使其能够更为安心地投身文化建设。首先，提高薪酬水平。薪酬的高低直接影响了文化从业人员的积极性与热情。如若薪酬水平偏低，那么容易造成文化从业人员的流失，进而使得文化建设失去重要的主力军。因而，适度提高薪酬水平便成为一个行之有效的措施。其次，完善考评机制。这不仅是肯定文化从业人员绩效的重要举措，也能够有效激发其积极性，为其提供一个更为透明的晋升渠道。考评机制的合理及公正会在很大程度上影响文化从业人员的工作热情，因而这一机制需根据各个文化企业的具体情况制定不同的考评标准。薪酬水平的提高与考评机制的完善相互作用，才能最大限度地留住人才。

第五节　中华优秀传统文化传承创新多项并举

一、适应时代需求，推动中华优秀传统文化的创造性转化

努力实现传统文化的创造性转化、创新性发展，使之与当代文化相融相通，共同服务于文化的时代任务，是中国特色社会主义思想的关键内容，其主要观点是对中华传统文化"去其糟粕，取其精华"的过程，在此阶段中华传统文化正在经历一个历史性的转变，进而为世界文明发展贡献中国智慧，提供中国方案。创造性转化就是在新的时代条件下，对传统文化中的精华部分加以革新，给予优秀传统文化新的内涵和表现形式，为社会主义经济建设赋予动力。在此基础上，实现中华优秀传统文化的创造性转化，需要从以下三个方面出发。一是对中华优秀传统文化中蕴含的深刻理念进行深入的阐释，中华优秀传统文化基因要与当代社会发展相适应，符合社会发展的主旋律。二是建立传统文化传承保障机制，构建鼓励文化创造的环境。三是要将创造性转化与培育和践行社会主义核心价值观相结合。

（一）研究阐释，赋予新的时代内涵

传承与弘扬中华优秀传统文化的主要内涵是如何有效地将传统文化与现代建设相结合，使产生于古代社会的传统文化同现代政治、经济、文化、社会相衔接。中华传统文化在经历了无数的磨砺后积累了一定的内涵，在历史文化长河中发挥着至关重要的引领作用。新时代背景下的中华优秀传统文化将会在一定程度上努力地推动传统文化的创造性转化，就要加强对中华传统文化的挖掘阐发。优秀传统文化就是指自古至今一直存在于社会中的思想观念，对中华传

统文化的内在价值而言，无论是从广义范畴上分析和研究，还是从狭义范畴上深入挖掘，其内在的知识内涵均是庞大的，基本的内涵条件中还存在较大一部分未能详细研究的内容。换句话说，现在我们研究的中华优秀传统文化就是传统文化的一小部分，还有更多的中华优秀传统文化被淹没在历史发展的长河中。这样就需要人们结合当前社会发展的需求，以中国特色社会主义思想为指导，深入探索历史文化，从而使得更多的中华优秀传统文化彰显于世。在此过程中，对于目前现存的历史文化，也需要在了解的基础上再进一步地深入研究，总结历史的经验和教训。我国是拥有五千年历史文化的国家，历史文化底蕴深厚，在历史文化发展的长河中产生了诸如重民本、尚正义、为政以德等优秀的文化理念。

中华优秀传统文化中包含着许多对社会发展非常有价值的内容，要学会理性分析它的概念和内涵。只有积极地将中华传统文化运用于当下的社会进程中，才能在一定程度上将优秀历史文化的优势充分展现出来，发挥其自身的魅力；同时，中华优秀传统文化能够在相应的范畴内促进人们思想的进步，推动社会科学技术的发展。

优秀传统文化是中华民族的"根"和"魂"，中华优秀传统文化的深厚底蕴滋养着当代中国人的精神世界，提振着当代中国人的精神力量。优秀传统文化必然要与时代相呼应，与现实相契合。因此，我国所提倡的"以人为本"的宗旨，也是对中国传统文化中"为政以德"和"以民为本"基本思想理念的转化。与此同时，应加强对中国传统文化的理解，从而推动中国传统文化与现代化建设相融合。

讲清楚传统文化所包含的意蕴、价值理念、基本特征等问题，让人更好地以通俗化的语言理解和把握中华优秀传统文化。我国是一个拥有五千年文明的国家，优秀传统文化的传承是我国发展的血脉与灵魂，在社会主义现代化建设过程中，需要时刻关注我国的科学发展，将我国传承下来的优秀历史文化进行保存，且学会对传统历史文化的取舍，在继承中创新，赋予文化新的活力。传统文化是一种随着时代的改变而不断发展和变化的文化形式，对于长期在历史中积累下来的文化，其自身顽强的生命力在社会发展进程中逐渐显现。中华优秀传统文化是历史文化发展过程中浓缩的精华部分，是经过岁月洗礼的优秀典范。优秀历史文化的传承需要适应社会的整体发展，能够被现代社会发展的理念所接受。我们今天所提及的优秀传统文化，主要就是在历史发展过程中被广大人民群众所接受的文化，是我国社会主义建设的结晶，是促进我国发展的原动力。中华优秀传统文化在推动时代发展的同时，也在不断地吸收世界不同文化的精髓。对中华优秀传统文化进行研究阐释，深入发掘其蕴含的思想精华和价值理念，充分认识其具有的时代价值，可以有效推动传统文化的创造性转化。

（二）建立传统文化传承保障机制，构建鼓励文化创造的环境

新时代建设中国特色社会主义现代化，提升文化自信，离不开传统文化的发展，而传统文化的发展，离不开制度的保障。制度是规范约束人们行为，规定社会组织结构的准则。

一是要形成统一的管理体制。中华优秀传统文化想要得到传承和弘扬不是单一的政府部门能做的，需要多部门的协同合作，共同努力。我国的文化法治建设还处于初级阶段，对于传统文化的保护性规定还不够全面，保障工作不够有力，监管力度需要加强。建立健全有效保护传统文化资源的机构及制度，加强法律约束和舆论引导，实施文化立法，完善文化传承相关法律法规，深入分析并立足于我国优秀传统文化的发展情况，紧跟时代潮流与未来趋势，强化文化立法工作。建立行政管理制度，建立传承传统文化的人才培养制度，形成有利于构建传统文化传承保障的机制。

二是要加大对传统历史文化基础建设的财政支持，与其他相关机构相互结合进行传统历史文化的建设。在对传统历史文化建设的过程中，不能仅单纯地依赖于单一的政府资金，还需要在一定程度上全方位、多角度入手，探索更多的资金投入模式。如政府可以根据国家相关政策，鼓励其他相关机构以资本投入的方式积极参与到传统历史文化建设中。在基础建设过程中可以根据自身的经济实力建立符合实际情况的设施，如创建文化活动室、图书借阅室、博物馆等活动场所，让人们可以在其中体验传统历史情景，激发人们对优秀传统文化的探索和学习，进一步提高他们对传统文化的认识。在完善传统历史文化基础建设的过程中，需要时刻注意的一点是不要出现重复建设、搁置文化设备的状况。若是发现该类状况的存在，需要立即采取相应的对策，在一定程度上提高文化设备的利用率。传统历史文化基础设施建设主要是基于社会整体的发展，建设人民群众真正需要的文化设施，提高使用率，让人民群众的需求得到最大

限度的满足。

（三）将创造性转化与培育和践行社会主义核心价值观相结合

社会主义核心价值观是通过理解传统文化的思想与道德观念而形成的价值观原则。在这个创造性转化阶段，优秀传统文化的转化将会推动社会主义核心价值观的践行。社会主义核心价值观是我国优秀传统文化的创造性转化成果，是坚持社会创造性发展的核心力量。在对其详细分析的过程中需要以下面几点内容为核心：一是中华优秀传统文化将会在其发展过程中与国民教育相互融合。将社会主义核心价值观融入不同阶级中，与此同时，结合不同的受教育对象，有针对性地采取相应的策略。二是中华优秀传统文化在发展进程中时刻注意家庭文化氛围。加强对家庭、学校和社会三者之间的联系性，增进大众对优秀传统文化的认知度。三是注重在社会教育中进一步弘扬中华优秀传统文化。随着社会主义核心价值观的提出，社会的文化建设已经得到全面的发展，学生群体作为社会主义的接班人，需要在优秀传统文化的建设中坚定文化自信，努力做合格的接班人。

首先，在校园生活中需要加强我国优秀传统文化教育。在教育过程中需要深入挖掘中华优秀传统文化的内在含义，同时积极探索中华优秀传统文化的传承模式，努力提高学生的文化修养和综合素质。校园主要是学生学习和交流的重要场所，校园不仅能够为学生提供丰富的知识，还能够在一定程度上赋予学生其他优势。学校作为教学的主体，教授学生深入分析中华优秀传统文化的优势，理论与实践相结合，让学生通过参与活动实践充分领略中华优秀传统文化的魅力所在，从而激发学生对中华优秀传统文化的学习热情。由于学生思维活跃、吸收能力强，所以是传承和弘扬中华优秀传统文化的主要群体，重视学校对学生进行的中华优秀传统文化的教育，不仅有利于优秀传统文化的传承弘扬，而且对学生的成长成才也有一定的促进性。

其次，需要在家庭生活中加强对优秀传统文化的渗透理解。若说学校的教育理念更加注重学生是否成才，那么家庭教育将会更加注重是否成人。家庭是孩子的第一课堂，家长应该在孩子成长的过程中埋下爱的种子，将健全孩子的人格、完善品德发展放在首位，努力培养孩子独立自主的优秀品格。家庭教育是每个人最早接触的教育模式，对自身的发展和启蒙具有至关重要的作用。家长作为孩子的第一任老师，责任重大，营造和谐的家庭氛围，对孩子的成长具有潜移默化的影响。家长需要以身作则，做到言行相统一，从而为自己的孩子树立优秀的榜样。在培养孩子优秀品格的过程中，可以让孩子多看一些传统文化的相关书籍，让他们更多地了解中华优秀传统文化的内容。

最后，社会教育是家庭教育和学校教育的有效补充，是传承和弘扬中华优秀传统文化的有效教育方式。社会教育可以通过社会团体等相关的组织机构，在培养学生文化素养的过程中向全体社会成员传递弘扬优秀传统文化的重要性，这样不仅能够促进社会成员的有利发展，还能够稳定社会的发展方向。在传承中华优秀传统文化的过程中，首先需要加入人民群众对我国优秀传统文化的理解，而提高认知度的最有效方法就是转化传统文化形式，使其与普通民众的日常生活紧密相连。比如，将传统文化主题广场作为优秀传统文化的有效宣传平台，这样既可以学习传统文化，又可以作为群众日常劳作之后休息的场所；定期举办传统文化相关的民间艺术表演，既传承了优秀的民间艺术，又丰富了群众的精神生活。提升广大群众对中华优秀传统文化的认识，是传承弘扬中华优秀传统文化的基础。

二、弘扬创新精神，推动中华优秀传统文化的创新性发展

中国特色社会主义现代化事业的发展需要传统文化的创新。只有在发展的过程中不断地对传统历史文化进行创新和改革，才能在一定程度上实现质的飞跃，使传统历史文化的精神力量得到更广泛的发扬。创新理念是传统历史文化的本质需求，若文化在社会发展的过程中不存在创新作用，那么其将会缺乏生命力。只有当传统历史文化不断地进行创新，才能推动优秀文化理念与时俱进，传统文化才能永葆生机与活力。从某种程度上说，文化创新代表了一个国家、一个民族创新发展的能力，同时也是一个国家综合实力的象征。

随着科学技术的不断发展和创新，人类社会文明已经在不知不觉中创造了巨大的时代发展机遇，赋予人类更多的挑战。社会的变革为人类社会的发展带来优势，在一定程度上改变了人们的基本生活模式，使人们的日常生活变得更加丰富多彩。中华优秀传统文化与现代化的生活模式相结合是时代发展的必然趋势，也是弘扬中华优秀传统文化的必经之路。在传统文化的弘扬上，面临着

人民日益增长的对优秀传统文化的需要与不平衡不充分发展之间的矛盾。因此，弘扬优秀传统文化要想更加贴近人民群众的需要，就要丰富中华优秀传统文化的弘扬形式，这也是今后加强文化建设的一个重要途径。

（一）因地制宜，培育地方性传统文化品牌

中国历史悠久、地大物博，有着较为丰富的自然资源和文化资源。对不同地域的发展而言，由于地域的历史文化存在一定的差异，使得我们不能以统一的标准去评价每个地域的发展。既然这样，开拓传承传统文化的新境界，需要重新挖掘文化传承的新渠道，那我们就从实际出发，因地制宜，从本土去寻找优秀传统文化传承发展的有效途径，打造一批各具特色的传统文化品牌。

我国人民讲究的生活理念是"靠山吃山，靠水吃水"，合理地运用各个地域的发展优势和资源条件，打造属于不同地域的特色文化，振兴当地的传统历史文化建设。传统历史文化的发展需要与地域优势相结合，且在发展的过程中需要满足当地的实际状况，打造属于不同地域的特色文化项目。发展地域性的传统历史文化，一方面可以加深人们对不同地域优势的了解，另一方面能够使人们的精神得到寄托，这样才能在绚烂的文化长河中保持长盛不衰。创新是历史永恒不变的主题，传统文化需要在发展的过程中跟上时代的步伐，新时代的发展也需要与历史文化相统一，这样与时俱进的文化才能成为真正的中华优秀文化。对具有独特优势的文化而言，其不是将普通的民俗文化进行复制重演，而是将历史文化与现代文化结合，从中汲取优秀的精神养分。做到传统而不落后，新颖而不俗套，最终创造属于自己的文化新风尚。

（二）推进传统文化日常化，激发传统文化活力

新形势下各级职能部门面对弘扬中华优秀传统文化的新要求，积极推动群众性精神文明建设，使中华优秀传统文化能够潜移默化地融入人民群众的生活中。这样既能使人民的精神生活需求得到极大满足，又能更好地激发出人民群众的创造创新能力，从而使中华优秀传统文化充满新的生机与活力。

开展群众性精神文明建设，做好弘扬传统文化的基础设施建设，使传统文化融入人民群众的生活中。比如，保护发展传统文化品牌，传统文化品牌能够存在发展到今天，与其所遵循的传统美德中的"仁义礼智信"是分不开的，保护发展传统文化品牌可为传承中华优秀传统文化提供遵循。保护好文化遗产，

文化遗产是中华民族的瑰宝，保护好文化遗产可以让现在的人们更好地了解传统文化，打造特有的城市名片，推动传统文化旅游，以使中华优秀传统文化得到更好的传承。重视中华民族的传统节日，通过以春节、中秋节为代表的重要传统节日以及其他少数民族传统节日，举办丰富多彩的民俗活动让人民群众体验中华传统民俗文化活动，这样既能使传统节日得到更好的传承，又能使人民群众在体验中弘扬优秀传统文化；既坚定了人民群众的文化自信心，又满足了人民群众的精神文化需求，增强了人民群众的文化自觉意识，激发人民群众的文化创新力，可以使人民群众更好地为继承优秀中华传统文化建言献策。将中华优秀传统文化融入人民群众的生活中，通过举办弘扬中华优秀传统文化的群众性集体活动，增强了群众的文化自觉性，在传统价值得到充分挖掘的同时，激发传统文化的活力。

（三）运用新的传播媒介，创新传播载体

对传统媒介而言，主要是通过官方的渠道将相关信息传播给广大群众，在信息传输过程中渠道较为单一。随着媒介多元化、信息网络化的发展，出现了一批新媒体，其优势在于快捷、方便、传播形式多样、传播自由度高，而且传播影响力大。在当前新媒体飞速发展的背景下，要如何将新媒体信息技术与中华优秀传统文化结合在一起，是值得我们花费时间和精力深入研究的课题。

当今社会，新媒体技术已经进入人们的日常生活中。我们需要从四个方面进行认真思考，一是要与时俱进地弘扬中华优秀传统文化，创造出受广大人民群众欢迎的作品。二是将中华优秀传统文化与信息技术相结合，在大数据发展的新时代下，通过网络信息技术来阅读和了解我国的优秀传统文化。三是媒体传播中华优秀传统文化。通过电视、网络等媒体将中华优秀传统文化进行传播，使人们在日常生活中接触优秀传统文化，潜移默化地对人们产生影响。四是将传统文化主题植入电子游戏中，开发具有历史意义的游戏，在游戏里真实还原历史中的场景，让人们可以亲身体验。新媒体的发展，对于中华优秀传统文化的传承与弘扬具有一定的推动作用，对于我们践行社会主义核心价值观，提升公民自身综合素质，均具有一定的推动作用。

三、博采众长，提升中华优秀传统文化的国际影响力

随着经济全球化和政治全球化的不断深入发展，文化全球化已经成为全球化时代的另一个显著标志。在国际发展的文化舞台上，并不是将社会主义经济发展的总量与速度视为唯一的核心竞争力，在此过程中我们需要不断地加强社会主义文明建设，展示我国优秀的历史文化传统，"要着眼于推动中华文化走向世界，形成与我国国际地位相对称的文化软实力，提高中华文化国际影响力。"推动优秀传统文化走出去，提高中华文化的国际影响力，我们要面向世界，继往开来，借鉴、吸收世界各国文化的有益成果，更好地实现中华优秀传统文化的传承与弘扬。

（一）积极吸纳其他国家优秀文明成果

无论哪一个国家想要发展，都需要学会"取长补短"，应该善于从世界其他国家的文明成果中汲取能够滋养本国发展的养分。在全球化的背景下，文化变得更加具有开放性，在发展的长河中既需要有海纳百川的博大胸怀，也需要有批判反思、创新发展的科学态度。目前，我国人民在文化发展的大环境中需要以积极的心态来面对文化的变革，将一切有利于我国发展的外来文化吸收，在中华民族伟大复兴的道路上实现中华文化的繁荣强盛。

社会现代化的变革是一个整体性的运动，其变革的原因主要在于国家是动态发展的，其在发展的进程中不断地吸收外来文化，属于一个创造性的过程。当两种文化相互碰撞时，需要用科学理性的态度积极面对，对于人类文明一切有价值的成果，我们都要学习借鉴、继承和吸收。对于其他外来的文化，无论是全盘接受还是否定都是错误的做法。因此，对于外来文化需要采取客观的心态、理性的头脑来判断其是否具有发展价值。因此，在全球化发展的环境中，我们既要做到继承本民族优秀传统文化，又要吸收外来文化，再将两者在一定的约束条件下相融合。兼收并蓄，博采众长，积极吸纳其他国家的文化精华，"我们应该在继续吸收外来优秀文化的同时，在本国文化的传统土壤中汲取精华，辅之以外来文化的优质资源"，使文化的"引进来"和"走出去"紧密结合起来，通过不断地吸收外来文化的优点，为中华优秀传统文化注入新鲜血液。

在全球化的发展进程中，整体的外在环境正在逐渐发生变化，我们的日常

生活模式也在悄然发生转变，它主要体现了整个人类社会文明的共同追求。从某种价值理念上来说，外来文化与我国内在的文化可以相互借鉴和发展。中华优秀传统文化以其自身固有的博大胸怀，在吸收外来文化的同时完成自身文化的创新和发展。中华优秀传统文化的发展将会有助于向世界展示我国优秀文化的影响力，对文明的发展具有一定的推动性。

随着中西方文化的沟通和交流愈加频繁，对中华优秀传统文化而言既是机遇，也存在一定的挑战。不同文化理念的交流和融合，一方面有助于我们了解多种文化的内涵，推动中国传统文化走向世界舞台，增强传统文化的核心创造力及竞争力。另一方面因为全球化的发展，中国同其他国家的交流联系进一步加强，文化的国际竞争力显著增强；与此同时，西方的某些价值观不可避免地渗入我国文化中，这对我国的文化主流价值观会产生一定影响，使我国传统文化的发展面临更多的挑战。今后与其他国家进行文化交流的过程中，我们需要不断强化自身的文化素质，以积极的心态面对不同文化的冲击，做到"古为今用，洋为中用"，把现代化建设推进到一个新阶段。

（二）拓宽对外传播渠道，推动传统文化产品出口

我们将中华优秀传统文化与世界优秀文化对接，可以依托于"一带一路"倡议和"人类命运共同体"理念，推动传统文化产品出口。积极培育优秀的对外品牌文化，充分运用它们在传统历史文化中的媒介作用。鼓励对外文化企业参与到国际市场竞争的体系中，推出带有我国独特优势的文化产品，增强人民群众的社会责任感，提高企业在国际市场的竞争力，在一定程度上更好地推动传统文化产品的出口。

改革开放以来，国内文化产业的不断发展，国际文化市场需求的不断扩大，促使我们不再是单纯地对外宣传优秀传统文化。随着弘扬传统文化的行动不断深入进行，我国开始重视打开国际文化产品市场。近年来，随着我国国际地位的上升，全世界范围内形成了一股"中国文化热"潮流，但是目前我国的传统文化产品缺乏核心竞争力，创新性依然是制约传统文化产品出口的限制性因素。对外出口的传统文化产品缺乏新意，依然处于手工制造的层面，缺乏具有"中国特色"的创新性产品。我们鼓励创新，激发传统文化的创造活力，创造了更多具有"中国特色"的高质量的传统文化产品，真正树立起民族文化的品牌意

识。在树立民族文化品牌时，我们应该重视中华优秀传统文化中所特有的优势，比如，中华民族勤劳勇敢的优良传统，将勤劳勇敢为作为主题打造我们自己的品牌，使国际社会增加对中华文化的认同感；中国文化中的"天人合一"思想，主张与自然和谐相处，不仅有助于美丽中国的建设，而且有助于全球范围内的生态文明建设。

为了让传统文化产品更好地"走出去"，在国际文化市场上形成独具中国特色的竞争优势，要"充分发挥社会主义市场经济体制的优势，创作和生产贴近实际、贴近生活、贴近群众和面向现代化、面向世界、面向未来的文化产品"。在新的时代背景下，根据社会发展的新需要和新内容，需要在一定程度上加强社会主义文明建设，使得我国传统文化能够走出国门，形成真正的竞争优势。在此过程中，不能单纯依赖相关政府部门的资金支撑，还需要加强市场经济的推动力。以市场为导向，促进企业在传统优秀文化中不断地进行自我创新和改造，使其真正地在世界舞台上占有一席之地。"一带一路"倡议为我国优秀传统文化提供了重要的条件，是优秀传统文化走出国门的有利时机。我们应该充分利用好中华优秀传统文化发展的机遇期，让优秀传统文化走出国门，提升自身的文化竞争力，增强文化软实力。

（三）讲好中国故事，扩大优秀传统文化的传播范围和影响力

古代中国的发展曾经遥遥领先于世界各国，并且保持了长期的优势。一些西方的学者和思想家对于曾领先于世界文化的中华文化表现出了高度认同。我们应该扩大优秀传统文化的传播范围和影响力，为国际社会提供一个全面而崭新的认识中国的视角。

在科学技术不断发展的新阶段，优秀传统文化的传播模式和介质也在逐渐发生着改变，因此，我们在发展过程中逐步改变着优秀传统文化的传播方式，增加传播载体的多样性，扩大传统文化的传播范围。中华优秀传统文化在这样的发展理念下，才能将其蕴含的深刻内涵传播至世界的各个国家，让世界其他国家的人民更好地了解中国，更好地认识中国的优秀传统文化。无论是多么优秀的传统文化，想要得到更好的弘扬和传承，必须要具有一定的媒体传播力度。因此，想要讲好中国故事，想要得到更多国家对传统文化的认可，必须提高传统文化的国际影响力。首先，要提高在国际上的话语权。要在解决国际事务时

坚定地维护本国的合法权益，必须要掌握国家话语权。只有不断地提高文化软实力，促进中华优秀传统文化在国际社会的多元化、全方位推广，才能更好地掌握国际话语权。其次，要创新文化传播模式。运用现代化的传播方式向其他国家传播中华优秀传统文化，使中华优秀传统文化可以通过现代化的手段与其他国家的文化进行交流。同时，要扩大对外传播主体，注重发挥民间社会组织的作用。社会各个组织团体之间的沟通和交流相比于政治领域的官方谈论，更容易使优秀传统文化被世界各国的人们所接受和喜爱，从而需要鼓励他们走出国门，更好地在国际舞台上传播中华优秀传统文化。为了更好地交流，需要培养优秀文化的传播者。促进优秀传统文化的发展必须以"人才"为基石，因此，我们在文化传播过程中需要积极地向其国家进行学习和借鉴，打造和培养一支高水平高素质、业务能力突出的对外文化交流的人才队伍。

　　文化是历史的产物，更是时代的产物。每个时代都有其特有的文化。新时代弘扬中华优秀传统文化不能故步自封，我们要用世界的眼光、长远的眼光理解、弘扬与发展本民族文化，实现其创造性转化、创新性发展，从而凝聚成实现中华民族伟大复兴的深厚精神资源与动力。文化软实力是当代国际竞争中的一个重要组成部分。因此，我们要积极提升中华文化在世界上的领导力与话语权，培养大量学贯中西、文通古今的人才，讲好中国故事，提出中国方案，发挥中华文化的引领作用，为实现中华民族伟大复兴，构建人类命运共同体做出积极贡献。

第七章　文化自信视域下中华优秀传统文化传承路径

"文化是民族的血脉，是人民的精神家园。文化自信是更基本、更深层、更持久的力量。中华文化独一无二的理念、智慧、气度、神韵，增添了中国人民和中华民族内心深处的自信和自豪。"国人的自信，民族的自豪来源于文化的自信，来源于中华优秀传统文化的"源头活水"对文化自信的给养。只有以追本溯源的执着定位中华优秀传统文化在文化自信中的地位，以一脉相承的理念，厘清中华优秀传统文化与文化自信的关系，才能道清中华优秀传统文化现代性传承的路径，以自信的魄力实现中华优秀传统文化的现代化融合。

第一节　概念锁定传统文化地位，内涵划定传统文化圆周

一、定位传统，厘清源头

概念梳理，文化定位。文化是一个生生不息的运动过程，任何一种民族文化，都有它发生、发展的历史，都有它的昨天、今天和明天。梁启超先生指出："文化者，人类心能所开释出来之有价值的工业也。"这种广泛意义上的"大文化"是理解中华优秀传统文化是文化自信的"源头活水"时应立足的天地。中华文化是以文化的民族性和国度性为依据，以地理环境为依托划定的文化概念。中华传统文化则是融合了地理性和历史性进而在时空中划出的一片文化领域。中华传统文化是我们先辈传承下来的丰富遗产，是历史的结晶，并不只是博物馆里的陈列品，而是有着鲜活的生命。正如黑格尔所说："传统并不仅仅是一个管家婆，只是把它所接受过来的忠实地保存着，然后毫不改变地保持着并传给后代。它也不像自然的过程那样，在它的形态和形式的无限变化与活动里，

永远保持其原始的规律，没有进步。"传统是社会的一种生存机制和创造机制，借助它，历史才得以延续，社会的精神成就和物质成果才得以保存和发展。

把握优秀，厘清源头。中华传统文化源远流长、博大精深的特质不仅给文化继承提供了丰富的资源，而且给文化传承带来了因袭的负重。由于对自身的传统认识和外部环境的客观把握都不够透彻，这样一年年、一代代的传承难免泥沙俱下、良莠不齐。中华优秀传统文化概念的提出，让探索文化的眼光从纷繁、迷茫中定位到优秀的内核，既能系统清楚地了解传统文化的发展历程，又能避免被无法穷尽的枝节材料所淹没，量上的减少为找寻最核心的质节省了精力。外延的收缩、内涵的提炼，让我们认清了中华优秀传统文化是现时代国家、社会、个人应该忠实坚守的文化自信的"源头"。

二、认识内涵，划定圆周

文化有广义和狭义之分、隐性和显性之别，中华优秀传统文化是中华传统文化的组成部分，它既有文化的共性，也有自身的个性。因此，在探讨其内涵时，可以从共性角度对中华优秀传统文化进行显性和隐性两方面的考察，从而划定优秀传统文化的圆周，在既定的范围内给文化自信输送"活水"。

一方面，显性文化是人的本质力量的对象化。首先，表层显性文化特指器物层面的文化实体，即由"物化的知识力量"构成的物态文化层。"它是人的物质生产活动及其产品的总和，是可感知的、具有物质实体的文化事物，构成整个文化创造的基础。"其用途能满足人类最基本的衣、食、住、行的生存需要、生产生活的劳动需要以及休闲娱乐的精神需要。其材料是人类主体通过社会实践活动，利用、改造自然界客体而创造出来的包含人的价值取向的产品。其次，中层显性文化指在人类社会实践中形成的各种社会规范和社会组织，即制度文化层。物的文化生产过程形成一定规模进而成为一种社会活动，必然会结成一定的社会关系。马克思曾说："动物也生产，它也为自己营造巢穴或住所，但是，动物只生产它自己直接需要的东西，其生产是片面的，而人的生产是全面的。""动物只生产自身，而人再生产整个自然界。"人类高于动物的根本之处在于人不仅只进行满足直接肉体需要的生产，而且进行摆脱这种需要支配的真正的生产。在对对象世界的改造中，使自然界表现为他自身的创造物和他的现实性，从而创造出一个属于他自己、服务于他自己，同时又约束他自己的社会环境即"人化自然"，这便是人通过不断反观自身的实践达到的"自然人化"过程，创造的"人化自然"结果。人在"人化自然"中创造准则，并将其规范为社会制度，固化为社会组织，上升为政治制度。最后，深层显性文化即精神文化层，包含社会意识和社会思想。"社会意识形态则指经过系统加工的社会意识，它们往往是由文化专家对社会心理进行理论归纳、逻辑整理、艺术完善，并以物化形态——通常是著作、艺术作品——固定下来，播之四海，传于后世。"如政治理论、法权关系、宗教信仰、文学艺术等。而社会思想除一些学术思想或成一家之言的学派观点之外，其思想的最高抽象和凝练便是哲学思维。

另一方面，隐性文化是人的本质力量的内在化，体现在心理潜意识和符号上。第一，人类社会实践和意识活动中长期孕育出的思维方式、价值观念、审美情趣以及由心理动机而产生的行为模式均属于心理文化层的范畴。第二，符号中的言语符号包括声音言语、文字言语、图形言语和非言语符号中的情态言语、体态言语，既为人类文化的传承提供了载体，又是人类文化的重要组成部分。特别是汉字作为文字言语同中华传统文化有着极为密切的关系。它既是中国文化的重要文化事项之一，又是中华文化中其他文化项的载体。通过对中华优秀传统文化显性和隐性内涵的范畴界定，我们便能在既定的文化圆周中甄别文化自信建设的营养成分，清除源头的污染物，从而保证汇入文化自信的中华传统文化的优秀纯洁。

第二节　面对传统文化现代化危机，树立传统文化塑造性意识

传统文化是文化自信的"活水"还是"死水"？这类问题是大而无当的假问题，真正该探讨的问题应该是传统文化的某一部分是否、以何方式、在多大程度上影响制约着我们今天的生命活动，我们应该怎样去塑造新的传统。为此，我们将所探讨的文化定位于中华优秀传统文化，在这样的大前提下回答传统文化是文化自信的"活水"还是"死水"的问题就显得有话可说、有理可持。

"活水"既有流淌之势，又有动态之感。中华优秀传统文化的"活水"在"过

去"往"现在"流向"未来"的历程中，我们不仅看到文化基因的悠久沉淀，更体会到了传统文化血脉如水般难以割断。费孝通先生认为，"文化自信指的是生活在一定文化历史圈子的人对其自身文化的自我觉醒、自我反省和自我创建，对文化的发展历程和未来有充分的认识"。因此，当传统文化遇见现代文化自信时，不同支流的活水是泾渭分明还是兼容并蓄？这个问题在中华优秀传统文化与文化自信的融汇中难以避免，面对传统与现代的张力，两种不同的表现形式让传统文化存在着"活水"变成"死水"的危机。

一、破除投鞭断流式全盘否定，寻找自身传统的自信曙光

"全盘西化论"与"彻底重建论"否定传统文化的合理性。中华优秀传统文化的"活水"经过几千年的流淌进入了现代化的大门。在现代化的进程中，一些学者倡导"冲击—反应"论，认为以儒学为核心的中华优秀传统文化是一个内部缺乏活力的惰性体系。它长期停滞不前，只有在西方文化的冲击下，才被迫做出反应，被迫向近代转变。这一观点虽肯定了近代西方文明对中国近代化进程的历史推动作用，但也具有一定的片面性，它仅看到传统文化在这一进程中的消极阻碍性，从而单方面认定传统文化是中国近现代发展中的阻碍。在片面性思想的发酵下易产生"全盘西化论""彻底重建论"等投鞭断流式的对中华传统文化全盘否定的倾向。"全盘西化论"认为西方皆优，自身皆劣，对传统文化满腹牢骚，在妄自菲薄中丧失了民族自豪感和文化自信心。"彻底重建论"则认为必须对中华传统文化进行全力的动摇、震荡，使之彻底解体，尽速消亡，倡导想要建设中国新文化，"必须进行彻底的反传统""断裂传统""以反传统来继承传统"，甚至宣传反传统是"永远不悔的旗帜"。

无论是"全盘西化论"还是"彻底重建论"，都是对自身文化的不自知、不认同、不自信。"人贵有自知之明"，民族也是一样，唯有客观把握自己的缺点，才能舍旧取新，大步前进，唯有了解自己的优良传统，才能保持高度的文化自信。优良传统中家国天下的经世理想、穷变通久的变易哲学、民贵君轻的民本意识、自强不息的进取态度都是连接中华优秀传统文化与文化自信建设的纽带。这些传统文化内在的活力因素必然唤醒文化的自信。把握你自己的文化，认识到传统文化本身内在的活力因素，这是中华优秀传统文化在面对历史和时代的

阻碍时，冲破窒息流淌的束缚，寻觅传统现代化发展的曙光、建设文化自信的希望所在。

二、冲破泥沙俱下式全盘接受，恢复文化传统的自信信念

泛化优秀，全盘接纳。对中华传统文化不加辨识，夸大传统文化内部的优秀成分，以偏概全，只看到其丰富的精神内涵，忽视其中的荒杂内容。将中华优秀传统文化泛化为中华传统文化的文化保守主义者倡导复兴儒学，认为中国社会出路的解决在于文化出路的解决，而文化出路的根本解决在于儒学的复兴。但是作为中华传统文化核心的儒学思想本身并非尽善尽美的，更不是包治百病的良方。从儒家思想本身的优劣不齐来看，如果说完全恢复儒学的地位，充分恢复传统文化在中国的统治地位并指导中国的文化建设，无疑会给文化自信本身带来不自信。若中华传统文化是文化自信的优良补给，必然会因源头的不纯洁而污染文化的自信，从而窒息文化自信的活力，动摇文化自信的信念。

把握"传统"与"文化传统"，澄清全盘接受的误区。从传统角度看，"传统"本质首先是"传"，它应该是动态的、富有生命力的东西，因此具有"传下去"的合理性和必然性。正如黑格尔曾经讲"凡是现实的都是合理的"。这里的"理"也昭示着一种文化传统，即符合社会规范之理。合理的文化是时代选择的结果，是文化内在机制调节的结果。在历史演变的大叙事下，中华优秀传统文化是时代"合理性"积聚的结晶。从文化传统角度看，"所谓文化传统，就是受特定文化类型中价值系统的影响。经过长期历史积淀而逐渐形成的、为全民族大多数人所认同的思想和行为方式上的难以移易的心理和行为习惯"。当文化传统这种事实判断的范畴与民族文化的"基本精神""民族精神"相结合时，在价值指向上，就有优秀与否之分。因此，只有优秀的传统文化才能指引文化传承的现代性路径，才是文化自信最深厚的文化基因。

第三节 四维度建构传承网络，三立足夯实传承基石

对中华优秀传统文化，应在讴歌中探索，在自豪中反思，在固守中并蓄，在传承中创新。我们要树立四个维度：古、今、中、外；坚守三个立足点：建筑、

活动、精神。只有这样的传承拓展，才是丰富中华文化，建设文化自信的王道。毫无疑问，没有中华传统建筑就没有中华文化固化。没有生产教育宣传就没有中华文化活化。没有传统敬畏精神就没有中华文化神化。

一、四个维度构建，古今中外贯穿

（一）探古寻根，清澈源头

讲清中华优秀传统文化的价值理念、深邃内涵、鲜明精神，探清中华优秀传统文化的历史渊源、发展脉络、基本走向，在探古寻根中增强文化自信。

横向领会中华优秀传统文化内涵，在浩瀚广博中树立自信。中华优秀传统文化实质上是民族精神的具体表现。从中华文化基本精神的主体内容中方能领会传统文化的丰富内涵。"天地与我并生，万物与我为一"的精神境界，"人事为本，天道为末"的人本意识，"苟利国家生死以，岂因祸福避趋之"的报国情怀，"富贵不能淫，贫贱不能移，威武不能屈"的浩然正气等，都体现了中华民族的优秀传统文化和民族精神，都是不应该忘却的"本来"和"初心"。我们要扩宽传统文化的圆周，在更广阔的天地感悟文化的广博，坐井观天、一叶障目只会滋长自负的情绪，唯有眼界开、认识深、站得高，方知宇宙之大、人之渺小，从而端正对中华优秀传统文化的态度，树立文化的自信。

纵向探寻中华优秀传统文化根源，在历史流动中沉淀自信。列宁说过："只有确切了解人类全部发展过程中所创造的文化，只有对这种文化加以改造，才能建设无产阶级的文化。没有这样的认识，我们就不能完成这项任务。"我国现今建设文化自信，必须对中华传统文化的历史进行科学的考察和分析，从而对传统文化史做出科学的总结，端正对传统文化的看法。从上古时代至西汉时期，中华文化独立流淌，滋润华夏一方土地。两汉佛教的输入，与中国固有的传统思想既相互对峙又相互影响。在彼此融汇中，佛教已接受中国本土思想的熏陶而凝铸在中华传统文化之中。明代后期，因传教士来华带来了西方的自然科学知识。西学东渐的风气下，简单模仿并不能解除民族的危机。马克思主义在中国的传播，也使中华文化的发展进入一个新的阶段。文化史探究中，中华文化从古至今的纵向流动中，其创造性、延续性、兼容性的特点让中华优秀传统文化焕发出新的活力，凝结着历史的精华，它并不是博物馆里的陈列品，而是有着活的生命。历史探究，让我们认清现实发生的合理性和存在的必然性，即使局部存在着中华优秀传统文化与文化自信的碰撞，我们依旧会信心满满地进行先进文化建设。

（二）守望今朝，坚守活水

重视传播手段，加快传统文化现代化。我们大多数人都感到"时代变了"，特别是当我们把自己和父母的生活相对比的时候，这种感觉便是我们对近代文化变迁最切身的感受。文化变迁并不仅仅出现在我们的文化中，在整个人类历史上，随着人们需要的变化，传统行为不断地被取代或被改变。中华传统文化在几千年的文化变迁中传承至今，眼下的中华优秀传统文化仍然面临着变迁，面临着现代化的问题。自身文化通过创造性转化、创新性发展实现文化自立、自强。优秀文化只有借助传播手段才能让国人接受，让世人尊重。文化传播不仅在传播方式上存在着"地理文化中心论"，即以一个地理文化为中心，随后在其他各民族与其接触中，传播扩散到世界各地，而且在传播内容上也形式多样，不管是打上文化烙印的实体，还是无形思想的传播都属于传播的对象。

传播社会主义核心价值观须立足中华优秀传统文化。因为优秀传统文化是中华民族的精神命脉，是涵养社会主义核心价值观的重要源泉，也是我国在世界文化激荡中站稳脚跟的坚实根基。成体系的核心价值观有其固有的根本。抛弃传统、丢掉根本，就等于割断了自己的精神命脉。社会主义核心价值观，把涉及国家、社会、公民的价值要求融为一体，既体现了社会主义的本质要求，继承了中华优秀传统文化，又吸收了世界文明的有益成果，再现了时代精神。核心价值观传承着中华优秀传统文化的基因，寄托着近代以来中国人民上下求索、历经千辛万苦找寻的理想和信念。我们要在全社会广泛传播社会主义核心价值观，积极吸取中华优秀传统文化中与时俱进的新内容，不断补充价值观的建设，让社会主义文化更加自信，让中华民族更加自信、自立、自强。

（三）立足中华，捍卫清流

清理失衡环境，捍卫文化自信。文化是民族进步的灵魂，文化软实力是国家精神的纽带。中国文化经历了20世纪以来的心酸历程。当今中国倡导文化自信的首要一步便是肃清文化生态环境。"'文化生态环境'是指由构成文化系统的各种内、外在要素及其相互作用所形成的生态关系。"中华文化发展的堪忧现状表现为文化生态的失衡——民族传统文化常常被误解，高雅文化、精英文化市场日渐萎缩，而娱乐文化则大行其道。培育良好的文化生态最有效的措施是政府发挥激浊扬清的作用，肃清文化生态环境，为文化自信保驾护航。

首先，组织领导统帅传统文化传承路径。"各级党委和政府要从坚定文化自信、坚持和发展中国特色社会主义、实现中华民族伟大复兴的高度，切实把中华优秀传统文化传承发展工作摆上重要日程。"党的十八大以来，以习近平同志为核心的党中央高度重视中华优秀传统文化的传承发展，始终从中华民族精神追求的深度看待优秀传统文化，从国家战略资源的高度继承优秀传统文化，从推动中华民族现代化进程的角度创新发展优秀传统文化，使之成为实现"两个一百年"奋斗目标和中华民族伟大复兴中国梦的根本力量。其次，政策保障捍卫传统文化传承路径。"加强中华优秀传统文化传承发展相关扶持政策的制定与实施，注重政策措施的系统性、协同性、操作性。"加大中央和地方各级财政投入力度，支持中华优秀传统文化传承发展重点项目建设，制定文物保护和非物质文化遗产保护专项规划等都是传统文化发展必不可少的政策性路径。最后，文化法治环境护航传统文化传承路径。文化自信离不开传统传承、现代规划的引导，更离不开文化法律建设的推动和保障。立法的宗旨是为了加强公共文化服务体系建设，弘扬社会主义核心价值观，增强文化自信，提高全民素质，营造健康文化法治环境。第一，立法保障。逐步建立中国特色社会主义文化法律体系和制定一系列与之配套的制度与机制，为文化市场、文艺创作、遗产保护、文化安全提供重要保障。第二，执法监督。提高文化系统的依法行政能力，满足人民的文化权益，加大文化执法行为的监督，对涉及保护传承弘扬中华优秀传统文化的相关法律法规的施行力度进行重点监督检查。第三，法治宣传。在全社会宣传营造守法光荣、违法可耻的氛围。增强全社会依法传承发展中华优秀传统文化的自觉意识，形成礼敬守护和传承发展中华优秀传统文化的良好法治环境。

（四）放眼国外，百川汇海

马克思说："过去那种地方的和民族的自给自足和闭关自守状态，被各民族各方面的互相往来和各方面的互相依赖所代替了。物质的生产是如此，精神的生产也是如此。各民族的精神产品成了公共的财产。民族的片面性和局限性日益成为不可能，于是，有许多种民族的和地方的文学形成了一种世界的文学。"开放世界的八面来风驱散了曾经笼罩在民族心头的封闭阴云。人类各民族相互交流的深度和广度都在不断拓展。在这样的时代大潮中，中华优秀传统文化将以怎样的姿态参与世界文化的合作、交流，即中华优秀传统文化的适应性问题。张岱年曾说："文化的发展规律是：一个民族的文化只有遇到更先进的文化，在冲突与融合中才能更新发展。"相比其他国家的文化开放程度，中华文化的适应能力是比较弱的，在中国地理环境、经济方式和制度传统的影响下，产生了强烈的文化优越感和自我中心的文化心态。在文化自负心理的发酵下，这种自我本位，视"华夏"文明高明而精微，"外来"文化低劣而粗浅。近代的落后挨打，让一部分国人改变了这一看法，但是，时至今日，仍然存在着对中西文化融合道路的分歧。就文化本身，中西文化无优劣之分，即使评判高低，中华文化悠久的历史，渊源的内容也更胜一筹。之所以在传统文化与世界文化交流适应中表现出弱势和消极之感，这并不是文化本身造成的，而是取决于文化背后的经济因素。这其中最关键的便是科学技术的作用。

（五）科技助跑，自信交往

科技创新推动的首次工业革命，诞生了大工业，孕育了现代市场。马克思曾说："资产阶级除非对生产工具，从而对生产关系，从而对全部社会关系不断地进行革命，否则就不能生存下去。""资产阶级，由于一切生产工具的迅速改进，由于交通的极其便利，把一切民族甚至最野蛮的民族都卷到文明中来。"在发达国家和落后国家的文明冲突中，落后国家必然会主动或被动地学习先进国家的科技成果，甚至产生崇尚西方文明、贬低自身传统的不自信思想。因此，中西文化应秉承平等交流的理念，强化自身开放和适应性。不仅需持有平等观念、全球观念等现代意识，而且需发展科学技术，赶上西方科技的步伐，用硬实力支持软实力的建设，在中西文化交流中彰显自信的民族文化。

二、三立足回归文化初心：建筑固化、活动活化、精神神化

（一）建筑：固化文化，积淀自信

建筑是凝固的艺术，是固化的文化。建筑的本质是为了栖息，但是人们在生产过程中会不经意留下自己文化的影子。中国古代建筑从有据可依的西安半

坡圆形和大方形住房，就一直同自身文化观念和与之相适应的审美趣味相联系。中国建筑的根本特色是由中华文化的特点决定的。建筑提倡"透风漏日"，从门窗到亭台廊榭的设计均得自然之动景，感宇宙之情韵，体现了中华文化气化流动、衍生万物的宇宙观。宫殿建筑的阳刚和园林建筑的阴柔生动凝练了儒家阳刚和道家阴柔之美。建筑的最高境界"和"是艺术家将中华文化"和"的基本精神运用到固态艺术上的再现。

秉承保护方针，建设城镇文化。《威尼斯宪章》指出："世世代代的历史古迹，饱含着过去岁月的信息而遗存至今，成为人们古老的活的见证。……将他们真实地、完整地传下去是我们的职责。"也就是说，建筑文化遗产的价值，根本在于它能见证历史，即它的历史价值。我国保护传承文化遗产秉承着"坚持保护为主、抢救第一、合理利用、加强管理"的方针，积极做好文物保护工作，加快新型城镇化进程。因此，我们要坚守传统文化遗产保护原则，加强传统文化建筑群的保护，建立历史文化名城、名镇、名村等特色文化传承区域，进行集中重点完善，发展文化特色区域旅游产业。目前，城镇化发展的蓝图依旧在更加清晰和细致的描绘，城镇化"望得见山、看得见水、记得住乡愁"的美好愿景也有很大推进。但是，城镇化高楼大厦平地起的光鲜外表下，人们在眼花缭乱中总是感到冰冷与陌生。工业文明标准化的追求，容易导致城市建筑的千篇一律、千城一面，城市发展中个性的缺失、文化的缺失让人们失去了熟悉的味道。"钢铁＋混凝土＋玻璃幕墙"的冰冷让建筑急需灵魂的注入，急需传统文化的支持。文化是一座城的灵魂，只有文化的浸润，城市建筑才能彰显其魅力。因此，城镇建筑必须与传统文化相结合，将文化元素、文化脉络融入建筑之中，搞好城镇文化生态，使建筑有灵魂，使城市有传统，使文化有自信。

（二）活动：活化文化，激发自信

传统是社会的一种生存机制和创造机制。借助于它，历史才得以延续，社会的精神成就和物质成就才得以保存和发展。正因为如此，文化传统并非仅仅停滞于博物馆的陈列品和图书馆的线装书之间，它还活跃在今人和未来人的实践中。

首先，文艺创作实践活跃传统文化传承。"善于从中华文化资源宝库中提炼题材、获取灵感、汲取养分，把中华优秀传统文化的有益思想、艺术价值与时代特点和要求相结合,运用丰富多样的艺术形式进行当代表达,推出一大批底蕴深厚、涵育人心的优秀文艺作品。"只有自觉投身人民生产生活的伟大实践中,才能从最真实的人民生活出发,发现人民的喜怒哀乐,创作出持续满足人民精神文化需求的良作。传统与现代结合的文艺作品才是不失本来又能开拓未来的精品,才能成为宣传文化自信的号角。

其次,教育、宣传实践搞活传统文化传承。第一,国民教育贯穿始终。围绕立德树人的根本任务,将中华优秀传统文化在广度上融入思想道德教育、文化知识教育、艺术体育教育各环节,在深度上贯穿启蒙教育、基础教育、职业教育、高等教育各领域。第二,宣传教育全面覆盖。"综合运用报纸、书刊、电台、电视台、互联网站等各类载体,融通多媒体资源,统筹宣传、文化、文物等各方力量,创新表达方式,大力彰显中华文化魅力。"家庭教育中广泛开展文明家庭创建活动,挖掘家训、家书文化,为青少年营造良好的家庭文化环境。社会引导中重视承接传统习俗、符合现代文明要求的社会礼仪,形成言行恰当、举止得体、礼让宽容的社会风尚。国家战略上加大对国家重要礼仪的教育宣传力度,彰显中华传统礼仪文化的时代价值,树立"文化大国"、礼仪之邦的自信形象。

最后,生产生活实践激活传统文化传承。一方面,用中华优秀传统文化的精髓涵养企业精神,培育现代企业文化。静态企业文化管理中重点组织企业文化的培育和养成。组织内在精神的提升及展示,组织规章制度的制定和明示,组织文化设施的建设和维护,组织经营文化的设计与传播。动态企业文化管理中重点组织文化的传播和弘扬。开展技术技能型文化活动,增加工人劳动技能;开展生活福利型文化活动,增加工人劳动保障;开展文体娱乐型文化活动,增添工人劳动乐趣;开展制度创新型文化活动,保障工人劳动公平。另一方面,深入发展传统体育,抢救传统体育项目,把传统体育项目纳入全民健身工程。培养体育健身意识,形成个人良好健康头脑;组织体育制度建设,完善体育竞赛、运动的法律法规;养成体育行为习惯,形成持久、有序、渐进的健康行为。在个人中营造健康体魄生态,在社会中形成健身文化理念,从而丰富文化自信的内容,彰显更广泛的文化自信。

(三)精神：神化文化，敬畏自信

传统敬畏涵养对中华优秀传统文化的敬畏之心。孔子有云："君子有三畏：畏天命、畏大人、畏圣人之言。"强调敬畏自然，顺应万物本性，敬畏在人性中充分展现人性光芒的典范形象，敬畏洞悉天地之道而穷其理，敦风化俗的圣人之言。"敬畏在一般意义上表达的是人们对社会生活严肃、谨慎和认真的态度，是人在面对庄严崇高事物时所产生的带有害怕、尊敬的感受，是对文化超然性的意识。"对传统文化的敬畏之心是人类最可贵的自信。因为人是文化的存在方式，任何人都无法回避"我从哪里来"这一形而上的问题，都强烈渴望"安身立命"的根性回归，而这一问题在个体生命中是不能充分被说明的，只有从世代延续的人类发展历程中才能有效地回答。传统保护着我们，划定人性的圆周。基于民族传统的认同，我们才有安身的可能，才有自己的"文化身份"，基于社会生活，传统更维系着基本的社会秩序。因此，对自身民族文化传统葆有敬畏之心是文化自信最难得的初心。

自信缺失将弱化文化自信底气。中华优秀传统文化当今面临的最大困境就是对传统文化本身自信的缺失。中华文明历史悠久，这种传统的厚重感让我们身居其中而不自知，历史的飞快向前更淡化了对民族传统的自觉意识。20世纪至今的百年流变中，中华优秀传统文化并没有在自觉中得到很好的传承，不可否认，文化建设依旧是我们的短板。我们时常感叹。中国是一个文化资源大国，却是一个文化产业小国。

文化自信首先来源于信仰，因相信而有敬畏之心。只有拥有敬畏之心，才会有"虽不能至，然心向往之"的敬仰之情，才会有摒弃糟粕、坚守底线的畏惧之情。当今的部分民众缺少对传统文化的敬畏之心，这种自信的缺失会弱化优秀传统文化作为中华民族精神血脉、文化基因的价值，甚至丧失整个民族的独特性和存在的现实性。

雄关漫道真如铁，而今迈步从头越。今天，文化建设的步伐依旧缓慢。为此，习近平总书记倡导"文化自信"，将其与道路自信、理论自信、制度自信并列，认为文化自信是更基本、更深层、更持久的力量，体现了党和国家对文化建设的高度自觉。在文化自信建设中，我们不仅要脚踏实地，将传统文化放于实践生活中，着眼于具体政策的实施，具体方案的出台，而且要仰望星空，置传统文化于浩瀚星空，心存敬畏，做到"口诵而得其教，心维而得其旨，体行而得其道",才能在文化自信建设中有所为有所不为,坚守道德底线,呵护文化操守,从而坚守恒定的文化价值。

因此,我们要心中存敬畏,视传统为"立命"之根,在文化自信建设中以神话般的敬畏尊重传统,严肃对待传统,这样才能找寻到传统文化传承发展的明确路径,这样我们的文化自信建设才不会迷失方向,我们的步伐才会更加矫健。

参考文献

[1] 李少虹. 新媒体时代中华优秀传统文化传承研究[J]. 传播与版权, 2023 (5): 4.

[2] 彭媚娟, 王亚煦, 张君弟. 系统论视域下优秀传统文化传承的多维分析[J]. 系统科学学报, 2022, 30(3): 5.

[3] 陈建春. 地方志机构作为中华优秀传统文化传承部门作用研究[J]. 巴蜀史志, 2022(1): 110-125.

[4] 蔡萍. 文化自信视域下中华优秀传统文化传承与发展研究[J]. 中国民族博览, 2022(23): 3.

[5] 夏青, 李锐, 韦静. 跨文化交际视域下保定优秀传统文化传承和发展研究[J]. 文化产业, 2022(5): 62-64.

[6] 程洁. 高职院校中华优秀传统文化传承的教学策略研究[J]. 中文科技期刊数据库（全文版）教育科学, 2022(8): 4.

[7] 孔莉昕. 基于戏曲文化进校园视野的中华优秀传统文化传承路径探究[J]. 美眉, 2022(12): 16-18.

[8] 卫明皓. 新时代中华优秀传统文化传承与发展路径探析[J]. 汉字文化, 2022(7): 2.

[9] 王浩. 中华优秀传统文化传承与高职生发展核心素养研究[J]. 大学: 研究与管理, 2022(6): 4.

[10] 邹桐. 乡村振兴视域下乡村优秀传统文化传承与创新研究[J]. 农业开发与装备, 2022(12): 3.

[11] 王英, 刘继祥, 赵婉华. 论优秀传统文化传承与现代高校素质教育的内在融通[J]. 唐山师范学院学报, 2022, 44(4): 145-148.

[12] 霍楷, 马飞扬. 基于中华优秀传统文化传承的设计竞赛育人改革[J]. 文化创新比较研究, 2022, 6(17): 152-156.

[13] 王茜. 中华优秀传统文化传承视角下大学生道德人格教育问题研究[J]. 中国科技期刊数据库 科研, 2022（4）: 4.

[14] 赵家豪, 李伊洁, 林壕源, 李沛颖. 基于中华优秀传统文化传承的大学生暑期社会实践调查研究[J]. 文化创新比较研究, 2022, 6（18）: 137-140.

[15] 于奕. 中华优秀传统文化传承与高职院校思政教学的创新研究[J]. 中文科技期刊数据库（文摘版）教育, 2022（11）: 3.

[16] 刁生虎, 李俊丽. 融媒时代中华优秀传统文化传承发展的成功范例: 河南广播电视台"中国节日"系列节目评析[J]. 北方传媒研究, 2022（2）: 5.

[17] 王月凤. 借力优秀传统文化 创新思政课"打开方式"[J]. 成功, 2022（5）: 0025-0027.

[18] 张文超, 黄宁, 袁磊. 传统文化传承的STEAM教育探索[J]. 现代教育技术, 2022, 32（5）: 7.

[19] 王璐, 董晨峰. 基于优秀传统文化传承的现代大学书院可持续发展路径研究[J]. 语文建设, 2023（3）: 1.

[20] 高冬萍, 李涤非. 优秀传统文化传承与德育效果提升: 评《中国传统文化》[J]. 语文建设, 2022（22）: 7.

[21] 王威峰, 李红革. 以系统观念推动中华优秀传统文化传承创新[J]. 人民论坛, 2022（5）: 123-125.

[22] 梁竣淇. 中国近现代史教学与优秀传统文化传承: 评《中国近现代史专题论稿》[J]. 中国教育学刊, 2022（3）: 1.

[23] 哈迎飞. 基于中华优秀传统文化传承的大学语文课程建设探究[J]. 教育导刊, 2022（4）: 28-34.

[24] 张祝平. 文化民生视域下乡村优秀传统文化传承与发展研究[J]. 农业经济, 2022（2）: 70-71.

[25] 杨九龙, 贺秉花, 尹莉. 中华优秀传统文化传承发展: 渭南鼎礼文化的弘扬创新[J]. 图书馆论坛, 2022, 42（9）: 9-14.